岡山文庫

330

岡山の神社探訪（上）

―古社・小社をめぐる―

監修・野崎豊　執筆・世良利和

日本文教出版株式会社

岡山文庫・刊行のことば

岡山県は古く大和や北九州とともに、吉備の国として二千年の歴史をもち、遠くはるかな歴史の曙から、私たちの祖先の奮励とそして私たちの努力とによって、現在の強力な産業県へと飛躍的な発展を遂げております。

小社は創立十五周年にあたる昭和三十八年、このような歴史と発展をもつ古くして新しい岡山県のすべてを、〝岡山文庫〟（会員頒布）として逐次刊行する企画を樹て、翌三十九年から刊行を開始いたしました。

以来、県内各方面の学究、実践活動家の協力を得て、岡山県の自然と文化のあらゆる分野の様々な主題と取り組んで刊行を進めております。

郷土生活の裡に営々と築かれた文化は、近年、急速な近代化の波をうけて変貌を余儀なくされていますが、このような時代であればこそ、私たちは郷土認識の確かな視座が必要なのだと思います。

岡山文庫は、各巻ではテーマ別、全巻を通すと、壮大な岡山県のすべてにわたる百科事典の構想をもち、その約50％を写真と図版にあてるよう留意し、岡山県の全体像を立体的にとらえる、ユニークな郷土事典をめざしています。

岡山県人のみならず、地方文化に興味をお寄せの方々の良き伴侶とならんことを請い願う次第です。

神社への誘《いざな》い

野崎　豊

岡山県下には数多くの神社が祀られています。その中には参拝客でにぎわう有名な神社もあれば、山中にあって地元の人しか知らない神社やすでに社殿が朽ち果てた神社、さらには祀られていた場所すらわからなくなっている神社もあります。

私は長年にわたって神社や磐座の調査を行ってきましたが、２００６年から10年余り、雑誌『オセラ』で岡山の神社をめぐる企画のアドバイザーを務める機会がありました。ライターや編集者を案内して県内各地の神社を取材し、ときに山奥深く藪をかき分け、鎖場を登り、船で島へも渡りました。

１回の取材行で多いときは10社を超える神社や史跡を訪ね、可能な限り宮司や近在の人々にも話をうかがいました。この連載の間に私が案内した神社の数は、大小５００社近くになるでしょう。けれども隔月刊だった『オセラ』の誌面で紹介できたのは、わずか62社ほどに過ぎません。

本書ではその中からさらに36回分を選んだ上で、連載時の原稿に加筆修正されています。監修の立場で改めて本書の原稿に目を通しながら、継続的なフィールドワークの大切さを再認識するとともに、古代信仰の発生とその変遷を見極めることの難しさを痛感させられました。

ご存じのように、神社の多くは火災や戦乱などで社歴等の文書を失っており、権力者の都合を含むさまざまな理由から遷座、合祀、祭神や名称の変更も繰り返されてきました。従ってそこに神社が祀られている意味を理解し、その成り立ちを探るためには、まず現地および周辺を歩き、現在の社殿だけでなく元宮や奥宮を訪ねてみる必要があります。

本書はいわゆる学術書ではありませんが、そうした取材を積み重ねてまとめられたものです。この文庫本を手に、ぜひ岡山の古社・小社をめぐり、古《いにしえ》よりの信仰の盛衰に思いを馳せていただければと思います。

2023年5月記す

岡山の神社探訪（上）—古社・小社をめぐる—／目次

表紙…山王宮（総社市）／扉…諏訪神社（勝田郡勝央町）の狛犬

岡山の神社探訪（上）―古社・小社をめぐる―

本書は2006年から2016年にかけて雑誌『オセラ』に連載した「岡山の神社　気ままめぐり」から36回分を抜粋し、写真の入れ替えを含めて大幅に加筆修正したものである。

01 穴門山《あなとやま》神社　高梁市川上町高山市《こうやまいち》1035

穴門山神社は雲海で有名な弥高山《やたかやま》の西北西に位置している。高山市の集落から大きな石鳥居をくぐって山中の道を1キロ半ほど下ると、やがて左手の谷川沿いに古い随神門が姿を現わす。元々は正面の山から降りてくる参道があったそうだ。門の奥にはまるで城郭のような高い石垣がそびえ、社殿はその上に建っている。

祀られているのは天照大神、倉稲魂大神《うかのみたまのおおかみ》（豊受大神《とようけのおおかみ》）、足仲彦命《たらしなかつひこのみこと》（仲哀天皇）、穴門武姫命《あなとのたけひめのみこと》の四柱だ。この神社は天照大神が三重県の伊勢神宮に祀られる以前に4年間鎮座した「吉備名方浜宮《なかたのはま》」の推定地の一つとされる。かつては社殿が朱塗りだったことから「赤浜宮」とも呼ばれたという。

ただし岡山県下にはもう一つ、倉敷市真備町妹《せ》にも同名の穴門山神社がある。こちらにも「吉備名方浜」「赤浜宮」という古称が伝わり、鎮座地も「高山《こうやま》」と呼ばれる場所だ。加えて「郷民が相談して川上郡高山村に一時遷座し、戦乱を避けた」という伝承があり、興味深い。

境内へは左手の石段を上り、龍の立体彫りが施された唐破風門を抜ける。社殿は寛永9（1632）年に焼失した後、寛永14（1637）年に備中松山城主・池田長常によって再建された。また現在の本殿はさらに下って宝暦3（1753）年再建という棟札が残る。三間社流造りの本殿左右の妻にはみごとな装飾が施され、拝殿内部の天井一面には、動植物や人物図などの彩色画が描かれている。本殿と拝殿は県の重要文化財に指定されているが、すでに傷みがひどく早急に保存対策が必要だ。

背後の岩壁に接するように建てられた本殿。
左右の妻側にはみごとな装飾が見られる。

拝殿奥には「穴門山名方浜宮」の扁額が掛かり、天井の枡目には鶏や瓢箪などの彩色画が描かれている。

本殿の南西には社名の由来とされる鍾乳洞が神窟として祀られている。その昔、ある信心深い人が神のお告げでこの洞窟に無数の金蟹がうごめく夢を見た。夢から覚めると入口には無数の金塊があり、お告げに従ってその一塊を持ち帰ったところ大金持ちになったという。洞窟の入り口にある球形の巨岩は福石と呼ばれ、金蟹が結集したものと伝えられる。

境内を支える高い石垣の下には樹齢700年超という桂《かつら》の神木が堂々とした風格を見せ、その石垣の斜面一帯には、毎年5月から6月にかけてユキノシタが美しい花を咲かせる。また神社の周囲に広がる約10ヘクタールの社叢は、吉備高原の林相をよく残す貴重な自然林であり、県の天然記念物に指定されている。

（2007年『オセラ』通巻31号初出）

社殿に向かって左奥には神窟の鍾乳洞があり、
金蟹が結集して巨岩となった福石の伝説も残る。

02 油滝《あぶらたき》神社　備前市大内991／992

古代より聖なる山として崇められてきた熊山は、標高509メートルながら赤磐市南部、岡山市東部、備前市北部にまたがる大きな山塊だ。山頂の特殊な石積遺構は熊山遺跡として全国的によく知られ、国の史跡にも指定されている。この一帯は渡来系の秦氏と関わりが深いが、熊山は中世以降も信仰の対象となり、修験者も多かった。山上には鎌倉中期の宝篋印塔《ほうきょういんとう》や児島高徳の挙兵跡などが点在し、南東の山麓には国宝級の三重塔を持つ大寺院・福生寺《ふくしょう》がある。

熊山への登山道はいくつもあるが、熊山南面の中腹に位置する油滝神社をめざすルートは、備前市の香登《かがと》から登る。旧山陽道から香登郵便局の横を北へ約500メートル入ったところに油滝神社の社務所がある。そこを右へ回って橋を渡り、次の分岐を右の山沿いに入ると登山口の道標が立っている。舗装道の右にある山道を進んで毘沙門堂を右手にやり過ごし、荒れ気味の道を約一時間登ると大きな岩場に至る。

岩場からは10分ほどで下之宮（姫大神神社）の鳥居が見えてくる。下之宮の狭い境内に置かれた狛犬は備前焼だ。拝殿は傾斜の急な場所に建っているため、参拝用のしっかりした小屋が斜面から張り出すように設けられている。また下之宮の近くには、瀬織津姫《せおりつひめ》を祀った滝がある。

下之宮から上之宮（油滝神社）までの登山道の整備が行き届いているのは、おそらく参拝者の多くが山頂の駐車場に車を止めて、下りコースでお参りするからだろう。

上之宮も下之宮と同じく拝殿の前

下之宮の二の鳥居。扁額に姫大神神社とあるのは、すぐ下の滝に祀られている瀬織津姫と関係があるのかも知れない。

に張り出した参拝小屋が設けられており、石の瑞垣に囲まれた本殿は銅板葺きの簡素な一間社流造りだ。上之宮を少し右手脇に入ると湧水があるが、現在はコンクリートでしっかり囲われている。やはり上下両宮とも水神に関わりがあると考えられよう。

また郷土史研究者の吉崎志保子によれば、室町時代に都から落ち延びて香登で亡くなった二人の姫君を、従者たちが両宮にそれぞれ神として祀ったと伝えられている。吉崎が推測しているように、元々水神を祀る小祠があったのではないか。従者たちの子孫は代々この秘密を固く守ってきたが、やがて麓の村人たちが両宮を「あぶらたき様」として信仰するようになる。またかつては海が近く、神社の鳥居が瀬戸内海からも見えたため、遠方の漁師や舟乗りなどからも崇敬されていたそうだ。

（2015年『オセラ』通巻75号初出）

上之宮の拝殿（左手）と、その前の急斜面に張り出して建てられている参拝用の小屋。上下両宮とも同じ造りだ。

上之宮のすぐ近くにある湧水の井戸。コンクリートで固められ、屋根を設けて守られている。

03 天石門別神社《あめのいわとわけ》　美作市滝宮89（旧英田町）

岡山県下には「天石門別」の名を持つ神社がいくつかある。そのうちの一つが、吉井川の支流である吉野川からさらに枝分かれした河会《かわい》川上流の天石門別神社だ。南から県道46号の瀧の宮トンネルへ向かう坂の手前に古い鳥居趾碑があり、トンネルを北へ抜けてすぐ右手に現在の一之鳥居が立っている。社伝には2000年余り前に鎮座したとあるが、その真偽はともかく当社は古い歴史を持つ式内社で、津山の中山神社、高野神社に次ぐ美作国三宮として崇敬を集めてきた。

当社の祭神は、天岩戸神話で知られる天手力男神《あめのたぢからお》だ。吉備国の平定に際して助け導いてくれた御礼として、吉備津彦命が自ら祭主となって当地に鎮斎したものと伝えられている。ただし本来は、天手力男神と門の神である天石門別神は別な神であり、同一視された経緯は不詳だ。

昭和52（1977）年、ダム建設による水没の危険を避けるための大工事が完成し、現在の社殿はすべて敷地を6メートルほど嵩上げして移築されている。元禄10（1697）年に再建されたものと伝えられる本殿は県の重要文化財だが、湿気のためか全体に傷みがひどい。向拝柱がたわんで倒壊の危険もあり、すぐにでも補修が必要だ。

また、本殿の横を抜けた先の「御正殿旧跡」という石碑の側に、古代祭祀の行われた磐座《いわくら》が鎮座している。ところがこの磐座は、まるで亀の甲羅のような石組みのドームで被われ、本体が見えない。これには

平成10（1998）年に県の重要文化財に指定された本殿は、300年以上前に再建されたもので傷みがひどく、向拝柱もたわんでいる。

300年ほど前の言い伝えがある。当時の人々はこれが磐座とは知らず、邪魔なので取り除こうとしたが、そのたびに裏山が鳴動した。するとある日、二人の宮司が同じ夢を見て、祭神である天手力男神がこの岩に乗って降臨されたことを知る。そこで村人たちが誤って腰掛けることがないよう、石を組んで被い、祀ったということだ。

また磐座の奥には「琴弾《ことびき》の滝」と呼ばれる名瀑がある。「琴弾」という形容は、滝から流れる谷川のせせらぎを琴の音にたとえたものだ。当

天手力男神が乗って降臨したとされる本殿裏の磐座は、亀甲状に組んだ石で被われて塚のようになっている。

社の「滝の宮」という別名は、もう一つのご神体であるこの滝に由来しており、それがそのまま一帯の地名にもなっている。二段に別れた滝の水は清らかに澄み、落差の大きい上段が雄滝で、小さい下段が雌滝だ。滝の前に立って流れ落ちる水の音に耳を傾けていると、ここを聖地として崇めた古代の人々の想いが伝わってくるようだ。

（2006年『オセラ』通巻23号初出）

神社の奥にある琴弾の滝。落差は上段の雄滝が約13m、下段の雌滝が約2mある。

04　岩神《いわがみ》神社　笠岡市新賀《しんが》3544

笠岡市中心部から北へ向かう県道34号は、山陽自動車道の高架をくぐってから2キロほどで、広域農道の県道377号と交差する。そこを右折して県道377号に入ると、まもなく右手にきのこエスポアール病院と笠岡中央内陸工業団地の入り口があり、それを過ぎると正面に岩神池が見える。県道377号から分かれて岩神池の北岸沿いを進んだ左手に、樹木に覆われた小丘へ上る坂道があり、その先に岩神神社が祀られている。

この一帯は「岩神《いわがみ》」という字名だが、小丘の上にも明らかに人工的に配された大きな岩がいくつも並び、木々に囲まれた静謐《せいひつ》な聖地という印象だ。各地の神社をめぐっていると、古代の磐座や神社の奥宮の近くに、しばしば携帯電話の電波中継塔が建っているのを見かける。ここ岩神神社の傍らにもNTTドコモの笠岡新賀西基地局中継塔が建っており、古代からの聖地と現代のテクノロジーの間に何かしら通じるものがあるようで興味深い。

磐座を祀る社殿の格子から中を覗くと、奥が石室のような形になっているのがわかる。社殿の背面側に回ってみると、石室の後ろ半分が壁の外にはみ出した格好だ。社殿の左右にも小型の石室が組まれ、中には小さな社が祀られている。また社殿の裏にも人工的に組まれた岩があり、岩と岩の間のすき間が示すラインは東西の方向に重なっている。そして社殿に向かって右手やや奥には、大きな岩が重ね餅のように2枚積まれている。その正面が真東を向いていることから、こ

拝殿から中を覗くと、建物の一番奥の部分が岩を組んだ石室のようになっている。

れは昇る太陽を受けて反射する鏡岩だった可能性がある。

神社の南にある岩神池は、但馬《たじま》国の宮城氏が当地を飛び領として治めていた寛永5（1628）年に築かれたと伝えられる。かつては池の中に巨岩がいくつもあったが、昭和14（1939）年の干ばつを機に貯水量を増やすための堤防築造が行われ、ほとんどの巨岩が石材として使われたそうだ。その後は烏帽子の形をした「エボシ岩」だけが渇水時に姿を現すと聞いていたが、2023年の再訪時には岩神池の改修工事が行われていて、「エボシ岩」がどうなったのか、わからなくなっていた。

また岩神池の南には「金黒《かねくろ》」（＝鉄塊のこと）という字名が残るが、隣接する笠岡中央内陸工業団地の造成工事中に7世紀の製鉄炉跡が確認され、大量の鉄滓《てっさい》（かなくそ）も出土している。岩神神社の磐座を祀ったのは、これら古代の製鉄に関わる人々だったのかも知れない。

（2015年『オセラ』通巻77号初出）

社殿の裏に回ってみると、本殿部分の石室が半分壁の
外にはみ出しているのがわかる。

人工的に重ねたと思われる２枚の巨岩。東から昇る
太陽の光を受ける鏡岩だった可能性がある。

05 磐筒神社《いわつつ》　久米郡美咲町頼元325（旧中央町）

久米郡美咲町頼元地区の東端に位置する磐筒神社は、標高476メートルの筒ノ宮山に鎮座し、地元では筒宮《つつのみや》とも呼ばれている。祭神は瀬織津姫命《せおりつひめのみこと》、上筒之男命《うわつつのおのみこと》、底筒之男命《そこつつのおのみこと》の三柱だ。岡山市内から車で向かうと、国道53号を北上してJR津山線の小原《おばら》駅を過ぎたあたりで西へ入るのだが、道が複雑でわかりにくいので予めしっかり確認したほうがよい。

参道入口から石段を上って鳥居をくぐり、左へ曲がりながら坂道を進むと、やがて古くて質素な社殿が見えてくる。瓦葺きの拝殿は三方がガラス格子で、社殿に向かって左手奥には御先神社の小社が祀られている。この御先神社はお稲荷様で、社の裏の石には丸い狐穴が開けられている。

一間社の本殿は銅板葺きで千木は外削ぎ、鰹木は2本、神紋は外輪の三つ巴だ。氏子域は美咲町頼元と久米南町北庄だが、山中に鎮座する神社の例にもれず、社殿は傷みが目立つ。また再建時の設計ミスなのか、弊殿の屋根が本殿の向拝下に

磐筒神社の質素な拝殿は、瓦葺きで三方がガラス格子になっている。

拝殿に向かって左手前に小さな池が設けられ、その中に小祠が祀られている。

接するような窮屈な建て方になっている。

社殿に向かって右手のやや荒れた道を山頂まで歩くと、本殿の裏の位置には石を円形に組んだ小さな磐座《いわくら》がある。これが当社の奥宮だ。由緒によれば、第7代孝霊天皇の時代（紀元前290〜215年）、久米郡稲岡南村大字北庄山手の神萬山峯頂で笛を吹く音が17日間も続いた。そして神が数個の石となって顕れ、石笛を吹いたため、村人は山の名前を笛吹山と改め、神社を建ててその石を祀った。

磐筒神社の奥宮は、筒ノ宮山（笛吹山）の山頂に祀られた円形の小さな磐座だ。

現在の場所に遷座したのは美作国が備前国から分離された和銅6（713）年のことと伝えられている。残念ながら磐座がきちんと祀られている様子はない。

また当山の南麓に発する笛吹川は、里に下って浄土宗の開祖・法然が生まれた誕生寺の寺域を流れ、片目川という別名で呼ばれている。この別名には次のような言い伝えがある。法然が勢至丸《せいしまる》と呼ばれていた子どもの頃、父・漆間《うるま》時国が明石定明の夜襲に遭って殺害された。この時法然が放った弓矢が定明の片眼を射貫き、定明はその傷を笛吹川で洗ったが、以来この川では片目の魚が獲れるようになったというものだ。ちなみに磐筒神社の祭神である三柱は、いずれも水や禊《みそぎ》と関わりが深い。

（2013年『オセラ』通巻62号初出）

06　大浦神社　浅口市寄島町7756

寄島《よりしま》という地名は、神功皇后が三韓征伐からの帰途、吉備国の小島に船を寄せて天神地祇《てんじんちぎ》（天と地のすべての神々）を奉祀したという伝承に由来している。それが後に対岸の本土を含む一帯の地名となったものだが、地名発祥の地である寄島（三郎島）も、今では干拓によって陸続きになっている。

大浦神社の御由緒略記によれば、平安中期の長徳3（997）年に安倍晴明がその寄島の霊地に応神天皇、仲哀天皇、神功皇后の三柱を祀ったという。島の中ほどには「宮の谷」という地名が残り、その上に八幡神社があった。そして時代が下って永禄年間（1558～1570）、毛利氏の武将・細川通董《みちただ》によって社が三郎島から現在の地へ遷されたと伝えられる。かつては鳥居のすぐ前まで海が広がっていた。

広い境内に建つ本殿は、千鳥破風と軒唐破風の向拝を持つ入母屋造りで、岡山県下でも有数の規模を誇る。10月初めの秋季例大祭では全国的にも珍しい競馬

犬養毅元首相の揮毫による扁額が掛かる大鳥居。

十二懸神事が行われ、2頭の神馬が古式競馬を繰り広げる。これは通董公が神社を遷した時、地頭と領家からそれぞれ20頭の神馬を参列させたことに始まるもので、以来450年以上もの間、伝統行事として大切に受け継がれてきた。

ところで通董公はなぜ当社をこの地に遷座させたのだろうか。以前宮司にうかがった話も踏まえながら、その点に思いをめぐらせてみよう。まず大浦神社の社殿は真南ではなく、東南を向いている。神社の起源となった寄島（三郎島）の元宮がある方角だ。しかも反対方向の北西には古墳があり、神社はそれを拝む場所に位置している。

また拝殿の向拝《こうはい》下に見える古い方位盤の針は、丑寅《うしとら》（北東）と申未（南西）を結ぶ線を指している。言うまでもなく丑寅は方位学で鬼門とされる方角だ。そしてその反対方向である南西側には標高２４９メートルの青佐山がそびえている。青佐山には磐座《いわくら》があり、細川通董が最初の山城を構えたのはこの青佐山だったといぅ。大浦神社はちょうどその鬼門を封じる方角に当たる。本殿の左右に設けられている扉の方角も、ほぼこの線に重なる。

県下でも有数のスケールを誇る大浦神社の本殿。左右両側に扉がある。

寄島の元宮から古墳を結ぶ線と青佐山から鬼門の方角に延びる線―その二つが直交する地点に大浦神社が位置しているのは、決して偶然ではなかろう。

（２００８年『オセラ』通巻36号初出）

拝殿向拝の賽銭箱の上に取り付けられている方位盤。針は丑寅（北東）と申未（南西）の方角を指している。

07 大元鵜江神社《おおもとうごう》　小田郡矢掛町《やかげ》東川面《かわも》1806

宿場町として知られる小田郡矢掛町には、「鵜」という名前を持つ神社がいくつかある。いずれも現在の主祭神は吉備津彦命で、このうち『延喜式神名帳』に記された式内社は、一般に同町西川面の鵜江神社とされている。しかし鵜江神社から北東へ約750メートルのところに今回取り上げる大元鵜江神社があり、こちらが元宮で本来の式内社だったと考えられる。また「鵜江」は「うえ」「うのえ」「うこう」とも読まれてきた。

大元鵜江神社は、美山川《みやま》と星田川に挟まれた山稜の南斜面に鎮座している。参道入り口の鳥居には、北辰北斗星を祀っていた時代の名残である「星王宮」という神額が見える。当社で一番注目したいのは、本殿裏の東側に横穴式の円墳がある点だ。もしこの円墳と神社に関連があるとすれば、被葬者をめぐる謎が浮かび上がる。言い伝えによれば、吉備津彦命が吉備中山《きびのなかやま》に埋葬された時、棺が鳴動して一羽の鵜が飛び出し、西へ飛び去った。その鵜が止まった場所に社を建てたの

大元鵜江神社の鳥居。「星王宮」という神額が掛かっている。

が当社の由来とされるからだ。

そもそも鵜は天皇家と関わりが深い。神話に登場する神武天皇の父親は鵜葺草葺不合命《うがやふきあえずのみこと》という名前を持ち、有名な長良川の鵜飼も宮内庁の管轄だ。そしてこの長良と鵜の組み合わせは全国に見られ、筆者の知る限り岡山県下では少なくとも2カ所が挙げられる。一つは吉備中山を勧請したとされる津山の中山神社で、鵜の羽が流れ着いたという長良嶽の東麓に鎮座している。また総社と岡山の市境付近を流れる血吸川は、鯉に変身して逃げた温羅を吉備津彦命が鵜になって噛み上げた場所とされるが、その近くにも長良山がある。

現在の矢掛に長良という地名は見当たらな

いが、美山川を少しさかのぼると鵜飼という地名がある。また西川面の鵜江神社の祭神については興味深い異説も伝わっている。鵜になって温羅を捕らえたのは吉備津彦命ではなく家来の楽楽森彦命《ささもりひこのみこと》であり、その場所に楽楽森彦命を祀ったのが鵜江神社だというのだ。

古い条理制の跡を残す矢掛一帯は、吉備津彦命伝承や吉備津神社の影響が濃いとされているが、もしかするとそれは逆であって、本来は矢掛こそが温羅退治の舞台だったのかも知れない。神社と伝説と古墳が「鵜」をめぐって響き合い、私たちに古代史の謎を問いかけてくる。

（2010年『オセラ』通巻44号初出）

一間社流造りの本殿。海老虹梁の木鼻には獅子や象が彫られている。

本殿のすぐ東裏にある円墳。被葬者など詳しいことはわかっていない。

08　尾治針名真若比咩《おじはりなまわかひめ》神社　岡山市北区津島本町20ー8

岡山市中心部の北側には、東のダイミ山から半田山を経て西の烏山《からす》へと標高150メートル前後の稜線が続いている。尾治針名真若比咩神社はその烏山の中腹にあり、南側の正面参道からアクセスするなら明誠学院高校の東沿いを真っ直ぐ登った突き当たりだ。一帯に「吉備の穴海」が広がっていた古代であれば、眼下に海を望む高台ということになる。

参道の石段を上ると、周囲には鬱蒼とした森が広がり、市街地中心部近くにありながら、まるで山中深く分け入ったような錯覚にとらわれる。石段は幅が広く、かつてはさぞかし立派な参道だったと思われる。あちらこちらが崩れかけたまま長らく放置されていたが、平成の終わりに補修が行われた。

この神社は江戸時代に岡山市北方の御崎宮《おんさきぐう》内に祀られていたと考えられるが、現在の場所が本来の鎮座地かどうかは不明だ。昭和15（1940）年に社殿の改築が寄進されたが、太平洋戦争末期の昭和20（1945）年に岡山大空襲で焼失

補修された参道の石段を上ると遙拝所があり、鳥居の先に社殿が見えてくる。

したそうだ。戦後に再建されたものの、筆者が10年前に訪れた時は、これが『延喜式神名帳』に名前の見える古社の姿かと、いささか驚きを禁じ得ないほどの荒れようだった。

現在は木々に囲まれた静謐な境内に、質素ながら新しい拝殿と本殿が建てられている。かつて当社が荒廃していたのは、山麓の氏子域が妙善寺の檀家と重なっていたからかも知れない。日蓮宗不受不施派の妙善寺は明治になって再興されたが、その教えは他宗他門への関わりを禁じており、氏子といえども神社に参拝や寄進ができないからだ。

　ところで当社は、市内京山の南東麓に位置する尾針《おはり》神社の磐座からほぼ磁北線上に位置している。「尾治針名」は「おはりはりな」と読む説もあるが、いずれにしても尾針神社と同じく、海人系の尾張連《おわりむらじ》に由来する神社名と考えられよう。また参道の階段下から西に急な山道を登ると、烏山の稜線に七つ執古《ぐろ》墳群が連なり、その先には磐座と

拝殿の後ろには一段高い石組みが残り、現在はそこに質素な本殿が祀られている。

思われる巨石がある。
また神社の北北東にあたる稜線鞍部には、弥生時代後期の墳丘墓を含む都月坂《とつきざか》古墳群があり、そこから出土した埴輪の祖型（特殊器台形埴輪）は「都月型特殊器台」と呼ばれている。尾治針名真若比咩神社の鎮座地は、こうした古墳や墳丘墓とも関わりがありそうだ。

（2012年『オセラ』通巻56号初出）

神社より西の稜線には七つ坑古墳群があり、稜線の突端に磐座らしき巨石がある。

09 笠神社《かさ》　笠岡市笠岡678

笠岡という地名の由来をめぐっては、よく知られた伝承がある。第15代応神天皇がこの地を訪れて山に登った時、一陣の強い風が吹いて天皇がかぶっていた笠を飛ばした。すると随行していた鴨別命《かもわけのみこと》が「山の神が天皇をお迎えして喜んでいる証拠です」と申し上げた。天皇がこれを試すために狩りを行ったところ、収穫は上々だった。そこで天皇は鴨別命を国造に封じて「笠臣」の姓を与え、これが後に「笠岡」へと変じて地名になったというものだ。

この伝承の舞台とされる応神山（笠目山）は、笠岡市の中心部に接する標高220メートルほどの山だが、稜線には遊歩道が整備され、途中の展望岩からは眼下に笠岡の市街や港、瀬戸内海などが一望できる。また六畳岩と呼ばれる磐座《いわくら》には火の痕跡らしきものがあり、古代の祭祀が行われていたのではないかと推測される。さらに山頂のすぐ手前には、もう一つ八畳岩という大きな磐座もある。この八畳岩の近くには神社があったそうだが、現在は笹と繋みに覆われていて跡地さえわからない。いずれにしても古代から大切な場所だったと考えられている。

ところで風に舞った天皇の笠はどうなったかというと、応神山西麓で松の枝に引っ掛かったと伝えられている。この松は幹の周囲が約4・2メートルあり、「笠懸の松」と呼ばれて八幡社が祀られていたが、明治の初めに枯れてしまったそうだ。場所はちょうど笠神社の鳥居が立っている付近だった。その鳥居の脇には、盃状穴《はいじょうけつ》と呼ばれる窪みを複数持つ古い手水鉢が置かれている。

応神山の山頂付近には八畳岩と呼ばれる磐座が鎮座し、大きな文字岩がある。

笠神社は応神山を拝む三つの八幡宮を合祀したとも呼称の変遷があったとも言われるが、笠岡地区の総氏神として崇敬されてきた。毎年10月の例大祭には大小40近い御輿が繰り出し、露店が並んでにぎわう。拝殿前と本殿前の狛犬は、前肢の片方が肘をついた蹲踞《そんきょ》の姿勢をしているが、これは県内では笠岡地方によく見られるものだ。本殿の屋根に千木も鰹木もないのは、神仏混淆時代に寺院様式の影響を受けているためだろう。この笠神社の境内から稜線をたどれば、1時間足らずで応神山の山頂にたどり着く。

（2009年『オセラ』通巻38号初出）

拝殿前に置かれている狛犬。相撲の仕切りなどと同じく蹲踞の姿勢で向かい合っている。

笠神社の本殿。ところどころに彩色が見られる。

10　上諏訪神社／下諏訪神社　真庭市佐引151／同市別所2764（旧落合町）

旧落合町（真庭市）の中心部から国道313号をしばらく南西に走り、美川橋南詰から県道84号に入る。岡山県の天然記念物に指定されている醍醐桜へ向かうルートだ。関川沿いを北西に約5キロ進むと、佐引《さびき》の集落がある。この地名は大国主命の息子・建御名方神《たけみなかたのかみ》が、左手で弓矢を引いて鬼を退治したことに由来するという。佐引集落の南端には、その建御名方神を祀る上諏訪神社が鎮座している。

上諏訪神社は天長年間（824～834）に信濃から諏訪大社の上社を勧請したと伝えられている。明治以降は佐引の氏神として祀られているが、かつては佐引だけでなく別所や月田七ヵ村にかけての総氏神だった。一方、西隣の別所地区に鎮座する下諏訪神社は、ずっと時代が下って元和3（1617）年に諏訪大社の下社を勧請したものらしい。ただしこちらは主祭神が建御名方神ではなく、その兄・事代主神となっている。

上・下二つの諏訪神社に共通しているのは、諏訪大社と同じく本殿を持たないことだ。本殿があるはずの場所には四角の御柱《おんばしら》が1本立てられており、諏訪大社の御柱や下社両宮のご神木を連想させる。そしてその御柱の正面に、上諏訪神社では鉄製の三つ叉の矛先が、下諏訪神社では三つ叉に加えて鎌の刃が打ち付けられている。これは諏訪大社が6年ごとの「式年造営（御柱祭）」を前にして行う「薙鎌《なぎがま》打ち神事」と関連しているのだろう。奉献された新しい薙鎌をご神木に打ち込むという珍しい神事だ。また、諏訪大社から建御名方神を各地に勧請する際、鳥の形をした薙鎌に分霊を移して運んだとされる。当地の上諏訪神社では20年ごと、下諏訪神社では25年ごとの式年遷宮が行われ、御柱が立てかえられる。

上諏訪神社の夏祭りでは、紙垂《しで》をつけた竹を御柱の周りに立てるが、これは旧氏子域の氏神を集めたものだそうだ。また上諏訪神社には「鬼打ち神事」が伝えられ、現在は毎年4月29日の春の例祭に行われている。境内に注連縄《しめなわ》をめぐらせ、鬼の顔を描いた紙の的を神主・氏子総代・参拝者の順に弓矢で射るというものだ。建御名方神の鬼退治にちなんだ神事で、矢が鬼の的に当たると悪魔や災難が払われ、氏子が繁盛するという。この上諏訪神社には鬼の頭骨を入れた「開かずの箱」

開放的な上諏訪神社の拝殿。背後に本殿はない。

が社宝として伝えられている。

（2010年『オセラ』通巻49号初出）

上諏訪神社の御柱の矛先。

下諏訪神社の鳥居と参道石段。

下諏訪神社の
御柱の矛先と鎌。

11　茅部《かやべ》神社　真庭市蒜山西茅部1499（旧川上村）

米子自動車道の蒜山インターチェンジを降りて南東に向かうと、漆器の伝統工芸で知られる旧川上村（真庭市）の郷原《ごうばら》地区がある。伯耆大山へ参詣する大山道の宿場町として栄えたところで、その集落の端に大きな石の鳥居が立っている。柱は十二角柱の上に円柱を継ぎ足し、鉄の鎹《かすがい》で補強した独特のスタイルだ。下部が土に埋まる前は13・8メートルの高さがあり、日本一の大きさを誇っていたという。この大鳥居から南西

参道の東端に立つ大鳥居には、磐座山から切り出した花崗岩が使われている。現在の高さは約10.6mで、石の明神鳥居としては日本一大きい。

に古い桜並木の参道が約800メートル続き、途中で右手に大山の雄大な姿を眺めながら茅部神社の境内へと至る。

この神社はかつて天磐座《あまのいわくら》大神宮とも称し、主祭神は天照大神だ。拝殿には現在も旧号の「天磐座大神宮」という扁額が掲げられている。明治42（1909）年～44（1911）年に地域の無格社が合祀され、茅部神社と改称している。創立の年代は不詳だが、古くは背後の磐座山中腹にある磐座を祀っていた。それが後に山麓へ遷り、磐座を遙拝してきたと考えられる。

拝殿の両脇には狛犬ではなく狼が置かれている。

境内は室町中期頃まで寺院が建っていた場所であり、今もその跡が残っている。本殿の屋根下や木鼻、蟇股《かえるまた》には、麒麟や玄武など神獣のみごとな彫り物が施され、出雲系を示す六角形の社紋も見える。また境内に祀られた末社の足王神社は、手や足の守り神として信仰を集め、遠く山陰や関西、九州などからも参拝者が訪れるという。

背後にある磐座山の磐座へは、境内裏の鳥居をくぐって山道を登るか、「蒜山ハーブガーデンハービル」側へ回る。天《あま》の真名井《まない》の滝から、沢沿いに急な山道を登って尾根に出ると、ほどなく神社風の展望台が現れ、その谷向かいに見えるのが注連縄《しめなわ》を張った巨大な天磐座だ。これは「天の岩戸」と伝えられ、蒜山＝高天原《たかまがはら》説に結びつく。この天磐座からちょうど北東の中蒜山5合目には日留宮《ひる》が祀られ、茅部神社、参道、大鳥居はほぼその直線上にある。

蒜山一帯には、祝詞《のっと》、大蛇《おろち》、鶏声《とりごえ》など、古代神話を連想させる古い地名が残る。また蒜山に源流を持つ旭川こそが、古事記に出てくる「肥河」だとする説もある。以前宮司にうかがった話では、大国主命がこの地で育ったとも言い伝えられているそうだ。それらの当否はさておき、この地方には古代出雲勢力の影響が及んでいたと考えられよう。

（２００９年『オセラ』通巻40号初出）

磐座山の中腹に祀られている巨大な磐座。「天の岩戸」と呼ばれ、蒜山＝高天原説の根拠の一つとなっている。

12 貴布禰《きふね》神社　津山市桑上190（旧久米町）

日本ではすでに絶滅したと見られる狼は、古くから山の神の使いとして信仰の対象になってきた。狼は農作物を荒らす害獣を退治してくれることから、盗難除けや火伏せ、疫病封じなどの神様とされ、狐を祀《まつ》る稲荷信仰の原型だとする説もある。岡山県下には狼を祀った神社がいくつかあるが、その一つが旧久米町（津山市）の貴布禰神社だ。

創建について社伝は、第10代崇神天皇の頃に京都の賀茂《かも》神社を勧請したと記し、当社の鎮座する倭文《しとり》郷が賀茂神社の荘園となったのは寛治4（1090）年だという。また現在の主祭神は賀茂神社とは異なり、雨を司る水神の高龗神《たかおかみ》と闇龗神《くらおかみ》だが、これは社名の通り京都の貴船神社から勧請したものと考えられる。

本殿は銅板屋根を持つ木の内垣に囲まれ、床下の柱は八角形という古い形式を残している。本殿の周囲をめぐる高欄《こうらん》付きの回り縁は補修されたものだが、正面上部の蟇股《かえるまた》は雲形の彫り物になっており、左右に配された雌雄の龍や鳳凰などの古い彫刻もみごとだ。

そして拝殿に向かって右手の境内奥には、貴布禰神社の奥宮である奥御前宮《おくみさきぐう》が祀られている。この奥宮は「狼様」と呼ばれ、参拝者はお賽銭のほかに塩を奉納するしきたりだ。奥宮の社殿裏には、神である狼が出入りするための丸い穴が開けられており、すぐ近くの石に残る足跡は狼のものと伝えられている。

肉食の狼が塩を好むというのは言い伝えに過ぎないが、

本殿正面の軒下には立体的な龍や精致な雲形の彫り物が施されている。

豊富なミネラルを含む塩は、山の動物たちに必要なものだ。この奥御前宮の風習には神と人と動物をつなぐ、自然界に向かって開かれた古代信仰の姿を垣間見ることができるのではないか。塩を納めた参拝者は、替わりに社殿裏に用意された塩を持ち帰るのだが、この塩を使うとおいしい漬け物ができるという評判だ。

奥御前宮の社殿の背後には狼が出入りするための穴が開けられており、ここにも塩をお供えする。

　普段の境内にはまるで時間の流れから取り残されたような静寂が漂っているが、毎年12月13日から15日に行われる霜月大

奥御前宮の右手奥にある狼の足跡石にも塩がお供えされている。

祭（通称「狼様」）には、参道や周囲の道路に露店がずらりと並び、大勢の参拝客でにぎわう。参拝客は前年の古い「狼様」（小祠またはお守り札）をお返しし、新しい「狼様」を勧請して帰る。

（2007年『オセラ』通巻28号初出）

13　清田八幡神社　倉敷市曽原1124

瀬戸中央自動車道の水島インターチェンジから、県道62号（21号と重複）を北東へ向かうと、すぐ左手の山裾に神社が見える。曽原の交差点には「吉備乃児島一嶋総鎮守清田八幡神社」という大きな案内看板が立っており、そこを北へ折れると道はそのまま真っ直ぐ参道へ続いている。

当社の正式名称は八幡神社で、伝承によれば神功皇后が三韓征伐の帰途、嵐を避けて田槌の浦（当社北側の倉敷市粒江地区）に碇泊したことに由来するという古社だ。人々は皇后の行幸地を「清田」として地主神とともに奉斎し、やがて社殿を建てて祀ったが、後に神社は南の清瀧山頂に奉遷された。一説にはこの「清瀧」が「清田」に転じたとも伝えられる。

さらに神社は清瀧山南麓に位置する現在地へと遷されたが、その時期についても10世紀の終わり頃とする説や承久元（1219）年とする説などがある。石鳥居をくぐった左手には神井戸が祀られ、石段を上って境内に入ると、参拝者に感応して雅楽が流れ始める。境内の入口に建つ随神門は平成24（2012）年に改修されたもので、瓦葺きの屋根には八幡様の使いとされる鳩の鬼瓦が見える。

また拝殿の西側にある石は、平安末期から鎌倉初期の歌人・西行法師が腰掛けた石と伝えられ、参道の石段の途中には「むかし見し松は老木に成にけり 我年経たる程も知られて」という歌碑も建てられている。西行が仁平《にんぺい》3（1153）年と仁安《にんあん》3（1168）年の2度参拝したと伝えられる八幡神社の有力候補の一つが当社なのだ。ただし当時の児島は現在のような半島ではなく、名前が示すと

石造りの明神鳥居には「清田八幡宮」の扁額が掛かる。

おり本州との間に浅海が広がる大きな島だった。

『新修倉敷市史』によれば、当社の本殿は至徳４（１３８７）年に再建されて改修を重ねた後、寛永19（１６４２）年にもう一度再建されて現在に至ったことが、残されている棟札からわかるという。屋根は古色を帯びた檜皮葺で、千鳥破風と向拝の軒唐破風を持つ立派な入母屋造り平入りの三間社だ。周囲には高欄付きの回縁がめぐらされており、昭和35（１９６０）年に岡山県指定の重要文化財となっている。また神紋は花弁が六つある梅鉢紋という、他に類を見ない珍しい形だ。

平成23（２０１１）年９月、裏山の南斜面で台風12号による大規模な山崩れが発生したが、不幸中の幸いと言うべきか当社は紙一重で被害を免れている。

（２０１３年『オセラ』通巻67号初出）

放浪の歌人・西行法師の腰掛石。ただし西行が訪れた八幡神社については当社を含めて諸説ある。

県の重要文化財に指定されている檜皮葺きの立派な本殿は、千鳥破風と向拝の軒唐破風を持つ。

14 國《くに》神社　岡山市北区三門《みかど》中町5－1

ＪR岡山駅から吉備線に乗ると、最初の備前三門駅までは3分ほどで到着する。その手前で、北の小高い国守山に長い石段が見える。大国主命と事代主命を祭神とする國神社の表参道だ。神社の位置は、三門駅から直線で北東に３００メートルちょっと、表参道入り口は国道１８０号から一筋北の旧山陽道に面している。小さな石橋を渡って鳥居をくぐると、参道右手に巨岩を祀った天満宮が見える。参道の石段は昭和52（１９７７）年に拡幅されたもので、途中の随神門をくぐって標高約40メートルの山頂まで続く。石段を上り切って振り返ると、岡山市西部の市街地が眼下に広がる。車で上るのであれば、東麓の道路を迂回して岩井宮裏側から本殿の背後に出ればよい。

国守山頂には竪穴式古墳があり、國神社の本殿はその上に建っている。麓から南の新幹線高架あたりにかけての平野部には、古代の条里制の遺構も確認されており、一帯が古くから開けた場所だったことがわかる。拝殿は横壁にモルタルが

表参道の入口は旧山陽道に面しており、急な階段を上る。

塗られた質素な木造瓦葺きだが、唐破風向拝の鬼瓦には子連れ獅子があしらわれている。

一段高い場所に位置する本殿は、神明造りを模した鉄筋コンクリート製だ。國神社の鎮座地は風が強く、昭和29（1954）年には本殿が台風で倒壊している。そのため、翌30（1955）年に現在の頑強な姿で再建された。また本殿の西隣には磐座らしき巨岩があり、注連縄をかけて祀られている。

この國神社は貞観《じょうがん》2（860）年の創建と伝えられ、『延喜式神名帳』に記載された國神社に比定されている。ただし、式内社としての國神社がずっとこの国守山に鎮座していたわけではない。神社に伝わる古文書等は、明治36（1903）年の社殿火災で焼失しているが、いくつかの資料を付き合わせてみると、江戸時代の一時期には国守山頂に八幡宮が鎮座していたことがわかる。

当時の國神社は下伊福村にあった八幡神社（鎮座地不明）の相殿に祀られていたようだ。また当社の本来の鎮座地については、三門村の東高御堂の畑にあった「大国石」の付近とも伝えら

拝殿向拝の屋根には子連れ獅子と牡丹の鬼瓦が置かれている。

れる。これは大国主命を祀り、参道入り口にも出雲系の「尻上がり型」の狛犬が置かれている当社の元宮にふさわしい場所だろう。

（2012年『オセラ』通巻60号初出）

本殿のすぐ横にある巨岩は注連縄をかけて祀られているが、磐座かどうかも含めてその由来は不明だ。

15　化気《けぎ》神社　加賀郡吉備中央町案田《あんだ》5（旧加茂川町）

岡山市足守から国道429号を走って吉備中央町に入り、宇甘川を渡ってそのまま北上する。化気神社へは道の駅かもがわ円城を過ぎてから右脇道に入るのだが、道路が入り組んでいてわかりにくいので、地図やナビでよく確認した方がよい。吉備津彦命が御食津大神《みけつのおおかみ》を祀ったのが当社の起源とされ、元宮は現在の場所から約2キロ東の本宮山にある。

主祭神である伊奢沙別命《いざさわけのみこと》は御食津大神の別名で、笥飯大神《けひのおおかみ》とも称し、食を司る神だ。この神を祀る神社としては、福井県敦賀市の気比《けひ》神宮がよく知られている。ちなみに化気神社は「化喜」とも記されるが、本来はやはり敦賀の神宮と同じく「気比」だったとする説がある。「気比」の文字順が逆になった上に「比」が「化」と誤記されて今の「化気」となったというものだ。さらに面白いのは、元の「気比」を読み替えると「きび」、つまり「吉備」に通じる点だ。しかも敦賀の気比神宮には「気比津彦が吉備の鬼を退治した」という言い伝えがあるほか、かつては本殿に桃太郎像が彫られていたという。

一方、化気神社のすぐ近くにも、吉備津彦命との縁《ゆかり》を伝える「駒岩」がある。社殿から少し西に離れた場所に古い鳥居が残っており、元は麓の集落からの参道がここに通じていた。今では登ってくる人もないらしく、参道は笹や倒木に覆われている。この参道跡を下り、修験道の開祖とされる役行者《えんのぎょうじゃ》を祀った小さな祠の手前で左に向かうと、やがて藪のなかに岩が三つ並んだ磐座《いわくら》が見える。馬に乗った吉備津彦命が矢を射った場所とされ、真ん中の一番大きな岩にある凹みは馬の蹄跡だということで「駒岩」と呼ばれている。

神社の西側を少し下ると、吉備津彦命が馬に乗って矢を射たという駒岩がある。磐座と考えられる。

筆者が最初に化気神社を訪れた時は山中に霧が立ち込め、一帯は神秘的な雰囲気に包まれていた。当社の神紋は十六弁の菊と五七の桐で、中山造りの本殿は銅板葺きの大きな屋根を持ち、軒下の四方には十二支の動物が彫られている。本殿の柱は床上が円柱で床下が八角形という、古くからの形式を伝えている。また毎年10月に近くの加茂総社宮で行われる加茂大祭には、遠く離れた化気神社からも神輿が出る。神輿の屋根は前日に新しい榊の葉で葺かれるため、その鮮やかな緑色が集まった各社の神輿の中でもひときわ目を惹く。

（2009年『オセラ』通巻39号初出）

化気神社の立派な本殿。反りのある高低差の大きな屋根を持つ。

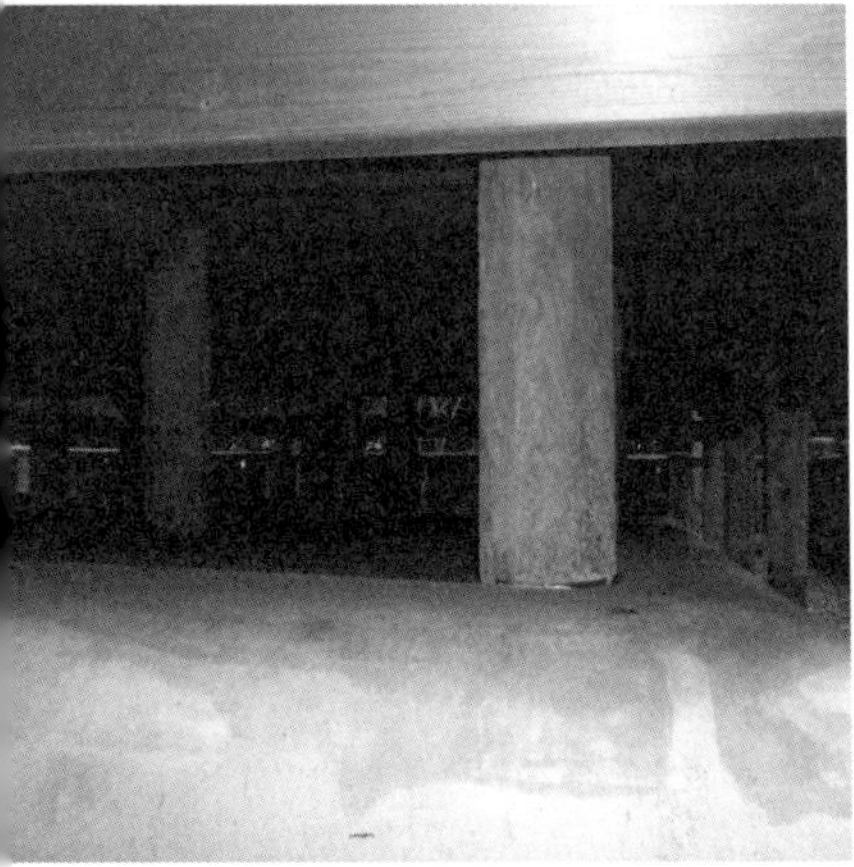

本殿の柱は床から上は円柱だが、床下を覗くとすべて八角柱になっている。

16　郡《こおり》神社　真庭市上水田399（旧北房町）

郡神社は中国自動車道の北房インターチェンジから直線で南西に約3キロ、静かな田園地帯の山裾に建つ古社だ。随神門、拝殿、社務所などは赤茶色の石州瓦で葺かれ、その奥に銅板葺きの本殿が千鳥破風入母屋造りの姿を見せている。真庭市の文化財に指定されているこの本殿は、何よりもまず建物の四面に施された彫刻のすばらしさで知られる。

屋根の下には大国主命や事代主命などの姿が彫られ、それぞれが何かの物語の一場面を表わしているようだ。また正面に延びる二本の虹梁にも、みごとな彫刻が施されている。こうした彫刻は他の神社でも見ることができるが、郡神社では屋根の下だけでなく、縁下の四面にも十二支の細かな彫り物が見える。さらに珍しいのは、縁の四隅の角から突き出している牙を持った象（大地を支える象徴）の彫刻だ。

現在の本殿は慶応3（1867）年に再建されたもので、一本の巨大な欅《けやき》から

四面に彫刻が施された郡神社の本殿は、一本の欅の巨木から造られている。

造られている。この巨木は神社から8キロ余り離れた場所で伐採されたものらしく、社記の伝えるところによれば幹の直径がおよそ2メートル70センチあったという。そして十二支の彫り物は桃山時代の、また象鼻は鎌倉時代のものと伝えられ、再建の際に古い本殿から受け継いで利用したと考えられている。すでに長い年月を経ている上に、近年の酸性雨などによる腐朽も心配されるため、早急な保存対策が望まれる。

本殿裏の小山を祀る小社。小山には稚武彦命を埋葬したとも伝えられる。

　社記によれば、郡神社の祭神は吉備津彦命とその弟の吉備稚武彦命《わかたけひこのみこと》、両命の父君である孝霊天皇の三柱とされる。一説には稚武彦命がこの地で亡くなったため、埋葬してその霊を祀ったという。社殿裏の円墳らしき小山がその墓所だろうか。ただし古くは大国主命が祭神だったとする説もあるため、断定は難しい。

　旧北房町の一帯は古くから交通の要衝として開け、双竜環頭大刀《そうりゅうかんとうたち》が出土した大谷《おおや》一号墳や英賀《あが》廃寺跡などの重要な史跡が点在している。古代の備中北部を治めた郡衙《ぐんが》と呼ばれる役所もこの地にあり、郡神社の名前にその名残をとどめていると考えられる。『延喜式神名帳』に社名の記載こそないが、こうした地域の歴史性、「小殿《おどの》」という鎮座地の字、円墳らしき裏山の存在などから、当社の古い社歴を推し量ることができよう。

（2006年『オセラ』通巻24号初出）

尻上がり型の狛犬は、大国主命や事代主命の彫り物とともに出雲とのつながりを感じさせる。

17　快神社《こころよし》　玉野市八浜町八浜1092

岡山市街を南へ抜けて児島湖の締切堤防を渡り、湖岸に沿って県道45号をしばらく南西に走ると、鳥人幸吉の生誕地として知られる玉野市八浜町に入る。右手の児島湖沿いに見える標高50メートルほどの丘陵は、まんじゅうが二つ連なったような形をしており、両児山《ふたご》と呼ばれている。この両児山はかつて瀬戸内海に臨む要衝の地だった。南北二つの頂には16世紀末に宇喜多氏が八浜城を築き、毛利勢と激戦を繰り広げた歴史がある。

「八浜城址」の標石がある南頂は公園として整備され、北頂には現在3つの神社が並んでいる。真ん中に鎮座するのは、池田藩主が代々崇敬した八浜八幡宮で、当地に移築された応永34（1427）年の棟札が残る。そして向かって右奥には末社の御崎神社があり、左側に祀られているのが摂社の快神社だ。「快」とは県内ではほかにない珍しい名前だが、他県には同じ名の神社がある。当社の略記には大国主命《おおくにぬしのみこと》、少彦名命《すくなひこなのみこと》、素盞嗚命《すさのうのみこと》の三柱が主祭神とある。

鳥居の先に快神社の拝殿が見える。

言い伝えによれば、かつて八浜に流れ着いた丸太を割ると中から老翁が現れ、村人たちの目の前で煙のように消え失せた。これを畏れた村人たちは丸太を山頂に埋めて祠を建て、快様《こころよし》として祀ったという。池田光政公が藩主になると、快様は淫祠《いんし》の類として取り壊されることになったが、祠の上に金色の蛇が現れて睨みつけたため、改めて快神社として祀られたそうだ。

『玉野市史』によれば、現在の本殿は明治42（1909）年に町内の神社を合祀した時、波知地区にあった八幡宮の建物を移築したもので、玉野市の重要文化

本殿は一間社流造り檜皮葺きの総欅で、玉野市の重要文化財に指定されている。

財に指定されている。一間社流造り檜皮葺きの総欅だが、残念なことに屋根にはトタンが被せてある。この本殿で特に目を惹くのが、大隅流井上直祐によって施された彫刻のすばらしさだ。正面の扉には鶴と亀、その両側には昇り龍と下り龍が彫られている。また妻飾りは向かって右側の天狗と蕪《かぶら》に対して左側はお多福と二股大根が配され、左右一対で男と女を表している。

両児山の鞍部には「遙」「拝」という文字の刻まれた2本の石柱がある。春分と秋分には正面から、夏至には斜め左の金甲山山頂から昇る太陽を拝む場所だ。そこに立つと眼下には八浜の町並みが広がり、ときおり吹き抜ける風が心地よい。

（2011年『オセラ』通巻50号初出）

本殿妻飾りの天狗と燕。反対側にはお多福と二股大根が彫られ、左右で男女一対の陰陽を表している。

18　山王宮《さんのう》　総社市黒尾1049

総社市の砂川公園から鬼ノ城へ向かう道路脇に、直径約1・85メートル、深さ約1・04メートルの大きな鉄の釜が置かれている。温羅《うら》が人を煮て食べたという「鬼の釜」だ。鉄板を張り合わせて楔で留めたこの大釜は、鎌倉時代に同市の阿曽《あぞ》地区で鋳られたものと推測され、当時の鉄加工技術を今に伝えている。この大釜を過ぎてまもなく、右側が広くなって車を停めるスペースがある。その向かいからすぐ左の山に入る道があり、民家を左に見ながら進むと山王宮の石鳥居が立っている。

鳥居には文政3（1820）年と刻まれ、扁額に神紋として掲げてあるのは十六弁の菊と五三の桐だ。さらに参道を上ると、かつては2本の丸木を立てただけの素朴な注連柱《しめばしら》があったが、今は柱も倒れて礎石が残るのみだ。その先に古びた石段が山王宮の境内へと続き、森の中にはときおり鳥の声が響く。この神社は大国主命を祀っているが、神社庁のリストには社名が見当たらない。

傷みの激しい荒廃した拝殿の奥にある本殿は赤いトタンで葺いた一間社流造りだ。現在の本殿は質素なものだが、残されている古い礎石から判断すると、元はかなり大きな社殿が建っていた可能性があろう。周辺には日本屈指の規模を誇る古代山城の鬼ノ城や、その名前が王墓との関わりを推測させる犬墓山などが連なっている。かつて山岳仏教が栄えた岩屋地区も近く、鬼の差上岩や岩切観音などの磐座《いわくら》が点在する。

『総社市史』によれば、貞享《じょうきょう》2（1685）年に調査された『備中賀陽郡・上

石の鳥居には「山王宮」の扁額があり、十六弁の菊と五三の桐が刻まれている。

房郡寺社改帳』には、黒尾村の項に「山王権現（新山氏神）」という記載がある。また新山地区では夏に小豆飯のお握りを山王様に供えて祈る風習があったようだ。この地に社殿が建てられた時期やその由来を伝える詳しい資料は今のところ見当たらないが、手がかりの一つは「水」ではなかろうか。

丸木の注連柱があった場所から繁みの中を東に少し分け入ると、古い井戸があって今も水を汲むことができるし、参道の石段の途中にも水場がある。また現在は水が涸れているが、社殿のすぐ西側には小さな池があり、市杵嶋姫《いちきしまひめ》を祀っている。これは仏教の弁才天と同一視されてきた女神で、航海の守護神として信仰を集める宗像《むなかた》三女神のうちの一柱だ。そこから大きく想像をめぐらせるなら、吉備の穴海を航海した古代海洋系の人々と山王宮の湧き水を結びつけることもできるのではないか。

（2016年『オセラ』通巻81号初出）

傷みがひどく、倒れないように木材で支えられた拝殿。奥に赤いトタン屋根の本殿が見える。手前の石碑は 1911（明治 44）年の屋根葺き替え時に建立。

参道から繁みの中に入った先に古い井戸があり、かつては近隣住民の生活にも使われていたようだ。

19　上山宮《じょうさんぐう》　久米郡美咲町塚角《つかつの》145（旧柵原《やなはら》町）

上山宮は旧柵原町北西部の山中深くに鎮座しており、場所が少々わかりにくい。国道53号からだと、県立誕生寺支援学校弓削校地（旧弓削高校）のある上弓削交差点で東に曲がる。そのまま県道52号を3キロほど北東に走り、交差する広域農道「美作やまなみ街道」に入って北上すると、右手に上山宮への案内看板がある。見落としやすいので注意が必要だ。そこを右折してしばらくすると道路右脇に「嘉永6年」（1853）と刻まれた石の鳥居が立ち、道はそのまま境内の本殿横に通じている。かつては手入れされたヒノキ林の道だったが、現在はそこかしこで木が切り倒されている。

逆に東からは吉井川の周匝橋西詰を西岸沿いに北上し、大戸郵便局の交差点から県道52号に入ってすぐ右側の細い道を山へと入る。こちらも道路左脇に「享保9年」（1724）と刻まれた石の鳥居があり、少し先の左手に表参道入口が見える。参道の石段はヒノキ林の中をゆるやかにカーブしながら随神門へと続き、そ

参道の石段を上って随神門をくぐると、正面に立派な拝殿が現れる。

の先に唐破風と比翼千鳥破風の屋根を組み合わせた拝殿が姿を現す。何もない山中に建てられたその荘厳な姿には圧倒され、一瞬言葉を失うほどだ。

本殿は出雲大社の流れを汲む美作地方特有の中山造りで、蟇股《かえるまた》や木鼻に施された彫り物がみごとだ。拝殿が舞殿を兼ねる形式となっており、拝殿前には神木のヒノキがそびえている。この上山宮は『美作國神社資料』などに「塚角神社」と記載されているが、「上山牛頭《ごず》天王」とも称し、素盞嗚尊を主祭神としている。毎年旧暦10月には亥の子祭りが行なわれ、農業や厄除けの神様として地域の信仰を集めてきた。近年もきちんと社殿の補修が行われている。

また上山宮の南側には「向《むかい》の宮」と呼ばれる社跡があり、小さな宝篋印塔《ほうきょういんとう》が一基置かれている。近くにはもう一つ「谷の宮」と呼ばれる社

高欄をめぐらせた本殿は、出雲大社の影響を受けた中山造り（入母屋造り妻入り）だ。

「向の宮」の社跡。写真右手奥には石の段組が残っている。

跡も残り、明治の終わり頃までは上山三社として崇敬されたという。江戸時代初期の寛文6（1666）年に、津山藩主・森長継公が上山宮の本殿、拝殿、随神門などの造営改築を寄進している。

山中深くにこれだけの規模の社が残されているのは、一帯が古くから大切な信仰の地であったからに違いない。けれども古い社歴等が失われているため、いつ頃から何を拝んでいたのか、神社の創建年代も含めて詳しいことが伝わっていないのは残念だ。

（2011年『オセラ』通巻52号初出）

20　志呂《しろ》神社　岡山市北区建部《たけべ》町下神目《しもこうめ》1834

志呂神社は国道53号沿いの三樹《みき》山中腹、ちょうど岡山市と久米南町の境付近に位置している。美作一宮の地を中山神社（津山市）に譲ったとされ、備前国から美作が分国された和銅6（713）年に、弓削庄二十七ヶ村（旧建部町と久米南町）の総氏神として祀られたという。最初は谷を挟んで東の常山（現在の伊勢畑城跡）に鎮座したが、後に三樹山山頂に遷され、さらに嘉吉《かきつ》年間（1441～44）、現在の場所に遷座したと伝えられている。

祭神は事代主命《ことしろぬしのみこと》（大国主命の子）で、六角形の神紋や尻上がりの狛犬などからも出雲系の神社と知れよう。麓の集落から歩くと、きれいに整備された敷石の参道を抜けて随神門をくぐり、急勾配の坂道を上って拝殿の前に出る。総欅《けやき》造りの堂々たる本殿は入母屋《いりもや》造り妻入りで、中山造りと呼ばれる美作地方特有の様式を踏まえている。屋根を見ると、両端で交差する千木《ちぎ》は垂直に尖った外削ぎ、丸い横木の鰹木《かつおぎ》は三本だ。本殿上部の梁で横木を支える蟇股《かえるまた》には12か月それぞれの

三樹山の中腹に建つ現在の本殿は、嘉永元（1848）年に再建された中山造りの様式だ。

季節の花が彫られ、床下には立体的な十二支の彫り物が施されている。さらに向拝の木鼻に彫られた神獣たちは蹄の先まで繊細だ。

本殿の床下に彫られている十二支の動物たちは立体的で、今にも動き出しそうだ。

　この志呂神社には「京尾御供《きょうのおごくう》」と呼ばれる珍しい神事が伝えられている。五穀豊穣と子孫繁栄を願って毎年10月20日の秋祭りに行われる大切な儀式だ。米粉を蒸した団子で男女の性器に似せて作った「フト」と「マガリ」、餅で作った「丁銀」などを神前に供えるもので、県の重要無形民俗文化財に指定されている。その作り方は久米南町京尾地区の氏子たちによって、昔から厳格に受け継がれてきた。

　また秋祭りでは神楽の獅子舞と棒遣いが奉納される。棒遣いでは鬼や天狗の面を着け、六角の神紋の付いた衣装に草鞋、手甲姿で六尺の棒を打ちあう。この棒術は旭川

本殿の向拝柱を貫く木鼻に施された神獣たちの彫刻も美しい。

の中流地域に伝わる独特の武術だ。ちなみに旧建部町は、柔術の源流ともいわれる竹内《たけのうち》流古武道発祥の地でもある。

創建以来1300年の社歴を持ち、与福や安産、厄除けの恵比寿宮として広く崇敬を集めてきた志呂神社の境内は、いつ訪れても手入れが行き届いている。神社を囲む一帯は県が指定する三樹山郷土自然保護地域となっており、その空気は清々しい。

(2007年『オセラ』通巻27号初出)

21　住吉宮　岡山市南区福島1-8先

旭川の西岸を河口近くまで南下し、プレジャーボートの係留地を過ぎると、一帯に河川敷が広がっている。場所はちょうど旭川大橋と岡南大橋の中間付近だ。福島緑地として整備されたその一角に、ポツンとまるで取り残されたように住吉宮が鎮座している。祀られているのは、航海の神様として知られる住吉三神の底筒男命《そこつつのおのみこと》、中筒男命《なかつつのおのみこと》、表筒男命《うわつつのおのみこと》と、神功皇后だ。

この神社には、源義経にまつわる次のような由来が伝えられている。平家を追って讃岐の屋島へ渡ろうとした時、義経は激しい風浪に襲われたため、配下に命じてかの住吉大明神に祈願させた。するとたちまち風浪は静まり、屋島合戦に勝利を収めることができた。そこで義経は屋島からの帰途、住吉大明神を邑久郡藤井村（現在の岡山市西大寺一宮付近）に勧請した。当時の藤井村は船の着く湊だったが、後代には田畑が広がって海から離れてしまい、いつしか住吉宮の場所さえわからなくなっていた。

義経による勧請から約500年後の寛文12(1672)年、住吉大明神が備前藩主・池田光政公の夢枕に立った。そこで光政は藤井村の宮跡を探すように命じ、持玄院観音堂の跡地である現在の場所に改めて勧請したということだ。以来、住吉宮は航海の守護神として歴代備前藩主の篤い崇敬を受け、祭礼には藩主の名代が船に乗って参拝するのがしきたりとなっていた。また参勤交代の船が出る際にも、必ず当社に参って航海の安全を祈願したという。

当社の鎮座する河川敷一帯は、かつて船着き場として栄えたところで、「町並筋」と呼ばれる威勢のいい地域だった。ところが旭川の改修工事が行われて新しく堤防が築かれたため、町並みは堤防の外へと移ってしまった。微高地にあった住吉宮だけがそのまま取り残され、現在に至っているのだ。

河川敷でゲートボールに興じる人々の間を抜け、鳥居をくぐって狭い境内に入る。拝殿の前に小さな石橋がかかり、その下には旭川の水が流れ込んでいる。石の瑞垣に囲われた本殿は飾り気のない一間社春日造りだ。本殿のすぐ裏にそびえる秋楡《アキニレ》の巨樹は、樹齢150年以上と推定される。また境内の東南端には今も川

住吉宮拝殿の前にかかる石橋。橋の下には
旭川の水が引き込まれている。

歴代備前藩主の崇敬が篤かった住吉宮本殿。
側には神木の秋楡がそびえる。

灯台が残り、旭川を盛んに船が往来した当時の面影を伝えている。
（2011年『オセラ』通巻51号初出）

境内には一帯が船着き場としてにぎわった時代の川灯台が残る。現在は電気の灯りが使われている。

22　諏訪神社　勝田郡勝央町河原《かわら》1201

勝田郡勝央町には、第99代後亀山天皇の孫・尊義親王に始まる美作後南朝の伝承地や、金太郎の幼名で知られる坂田金時終焉の地など、興味深い旧蹟が点在している。諏訪神社はその勝央町の北東部に位置し、古吉野《こよしの》庄一帯の惣社として崇敬されてきた。神社の創建年代は不明だが、元は近くの出雲井にある風見山（＝鏡山）にあって大国主命を祀り、加佐見神社と称していたようだ。

以前宮司にうかがった話では、約900年前に社家である出雲井家の先祖が諏訪大社に鎮座する建御名方命《たけみなかたのみこと》の分霊とともに、信州から来住したという。これは長久3（1042）年に諏訪部清扶が諏訪大神の分霊を合祀したという伝承とも重なるものだ。当社から西へ数キロ離れた津山市（旧勝北《しょうぼく》町）中村の新善光寺も含め、美作地方東部と信濃に何らかのつながりがあったのかも知れない。ただし、建御名方命は大国主命の息子で、国譲りを迫られて抵抗し、信濃まで逃げて諏訪に祀られた出雲系の神だ。当社が出雲の古社・出雲井社《いずもいのやしろ》とつながっている可能性もある。

　最初の鎮座地は、那岐山から吹き下ろす広戸風をまともに受ける場所だった。わざわざ風の強い場所に祀られていたのは、もしかすると建御名方命が風の神とされるためだろうか。安元２（１１７６）年の烈風で社殿が大破し、その後は被害を避けて現在地へ遷座している。当時は社地の南に池が広がり、それを諏訪湖に見立てたものらしい。

　南側の正面参道から拝殿に向かうと、神木であるビャクシンの巨樹がそびえている。これは遷座の際に、

拝殿のうしろに釣殿・幣殿はなく、屋根付の通路で一段高い本殿につながっている。

諏訪豊前守藤原安森が植えたものと伝えられ、町の天然記念物だ。かつての社殿は鬱蒼とした鎮守の杜に囲まれていたが、残念なことに平成16（2004）年の台風で古樹の大半が倒れてしまったという。

境内には「雨ごい石」と呼ばれる磐座が祀られているが、建御名方命は雨や水の神でもある。また境内南西の空き地には、歌舞伎の回り舞台があったそうだ。この神社でもう一つ見逃せないのが、西側参道入り口に置かれた石造りの小ぶりな狛犬だ。本殿に向かって右が獅子、左が角のある狛犬で、口の形が「阿吽《あうん》」の一対となっている。これは室町時代の作とされ、昭和55（1980）年に町の重要文化財に指定された。

（2010年『オセラ』通巻48号初出）

樹齢 800 年以上と伝えられる神木のビャクシン。樹高は約 18m、幹周りは約 5・5m、町の天然記念物に指定されている。

西鳥居のそばにある獅子。高さは 37㎝とかわいらしいサイズで、思わず頭をなでたくなる。

23　青龍神社　井原《いばら》市西方町１１９０

県西南部の井原市や笠岡市では、参道の手前に池が築かれている神社をいくつも見かける。笠岡市甲弩《こうの》の甲弩《こうぬ》神社や同市尾坂の艮《うしとら》神社、井原市木之子《きのこ》の縣主《あがたぬし》神社などがそうだ。その中でも一番大きな池を持っているのが、今回取り上げる井原市西方町の青龍神社だ。当社の創建時期は不明だが、一説には神亀《じんき》２（７２５）年とも伝えられている。

井原市中心部の国道３１３号薬師交差点から県道34号を３キロほど南下し、宮ノ端交差点を過ぎて左手に見える山の裾を北側から回り込むと、すぐ左手に宮前池が見える。池から道路をはさんだ西側に参道の登り口があり、鳥居には「池築大明神」という扁額が掲げられている。これに関しては以下のような言い伝えがある。

往古、風水害や旱魃に苦しんでいた村人たちが天神地祇《てんじんちぎ》に祈りを捧げたところ、一神が現れて「吾を祀ればこの地に幸をもたらそう」と告げた。そして自ら池を

神社の鳥居前にある宮前池。祭神である少童神が築いたと伝えられている。

参道登り口の石鳥居には、神社の由来を示す「池築大明神」という扁額が掛かっている。

造り、水の中に入って身を濯ぐと、その姿はたちまち少童神《わたつみのかみ》になった。これを見た村人たちは池の西の現在地に社殿を建て、この神を「池築聖龍大明神」として祀ったという。

社名の「聖龍」は後代になって「青龍」と改められ、明治元（1868）年より青龍神社と称して現在に至っている。「綿津見」「海神」「海童」とも表記される少童神は、伊弉諾尊《いざなぎのみこと》が黄泉の国から帰還して禊《みそぎ》をした時に生まれた底津、中津、上津《うわつ》の三少童神の総称だ。本来は海と関わりの深い神だが、当社の由来である「池」と「少童」の組み合わせは、水神としての河童を連想させて興味深い。社名に「龍」がついているのは雨乞いと結びついているためだろう。

石段を上って境内に立つと、拝殿両脇に一対の門神が置かれ、正面の軒下にはユーモラスな姿の龍が飾られている。本殿は銅版葺きの三間社流造りで、本殿に向かって右手奥の一段高い場所には摂社として上諏訪、下諏訪の両社が祀られている。また裏山には古墳があって、山の反対側の西斜面には岩倉山神社（池津大明神）が鎮座しており、山全体の雰囲気や神社の位置関係などが吉備の聖地・中山（岡山市）に似ているとも言われる。
（2015年『オセラ』通巻74号初出）

青龍神社の獅子

青龍神社の拝殿軒下にはユーモラスな姿の龍が飾られている。

24　高倉稲荷大明神　備前市伊部《いんべ》1069－1

　岡山方面から国道2号を東へ向かって備前市に入り、大ヶ池を過ぎるとやがて備前焼で知られる伊部の町並みへと至る。JR赤穂線伊部駅の手前を流れているのは、片上湾に注ぐ不老《ふろう》川だ。川沿いを左に折れてそのまま北上し、林道鬼ヶ城線に入る。鬼ヶ城下池と鬼ヶ城上池という二つの溜め池を左に眺めながらさらに北上すると、まもなく林道左脇に「名勝熊山」の石柱と「高倉稲荷大明神参道」と表記された小さな案内板が見えてくる。

　林道正面にそびえているのは、標高198メートルの「屏風岩」と呼ばれる大きな岩山だ。古くから聖地として信仰を集めてきた熊山の東の入口に位置するこの屏風岩は、南西側の谷に向かって断崖絶壁の峻険な姿を見せており、ロッククライマーなら思わず腕試ししたくなるに違いない。また屏風岩の山麓へとさかのぼる不老川一帯は、鎌倉時代や南北朝時代の窯跡が数多く点在し、熊山古窯跡《こようせき》として備前市の史跡に指定されている。

案内板に従って不老川の渓流に降りて行くと、コンクリートの橋のところで二筋の流れが合流している。その橋を渡って左の渓流をたどるとすぐ右に木の橋があり、対岸の道標に「大滝林道へ860m」という表示が見える。木の橋は渡らずそのまま左の渓流沿いを進むと、鉄製の朱鳥居をいくつもくぐった先に、備前焼の狐が一対置かれている。

備前焼の狐は、高倉稲荷大明神の質素な拝殿の前や本殿裏に祀られた磐座《いわくら》の前にも見えるが、いずれも大饗《おおあえ》家によって奉納されたものだ。大饗家は古い伝統を持つ窯元で、備前焼窯元六姓の一つに数えられている。

備前焼窯元六姓の一つである大饗家によって奉納された備前焼の狐。

高倉稲荷大明神は地元で崇敬されてきたが、調べると神社庁のリストには掲載されていない。本殿裏の磐座の奥には落差3メートルほどの小さな滝が懸かっている。当社は「お滝様」とも呼ばれていることから、磐座と滝の両方を祀ってきたと考えられる。

境内には真言密教の修行者のための宿泊所もあり、その檜皮葺《ひわだ》きの屋根には上からトタンが被せられている。真言宗は岩を祀る稲荷信仰と関わりが深い。境内から見上げると、屏風岩の上にも祠が祀られている。修行者たちは滝の前で屏風岩を拝んでからその祠を目指すのだろうか。

（2014年『オセラ』通巻73号初出）

境内から見上げる屏風岩。修行者たちは朝晩ここからその威容を眺め、拝んできたのだろう。

いくつもの朱鳥居をくぐって高倉稲荷大明神の拝殿へと至る。本殿裏には磐座が祀られており、さらにその奥には小さな滝がある。

25　高嶋神社　岡山市南区宮浦3268

『古事記』には、神武天皇が東征の途中で吉備の高嶋宮に八年間滞在したと記されている。周知のように、この「吉備の高嶋宮」の伝承地をめぐっては諸説ある。岡山市賞田の高島神社、笠岡諸島の高島、広島県福山市高島などと並んで、今回紹介する高嶋神社の鎮座地・高島も、その候補地の一つだ。

この高島は旭川河口に広がる児島湾の、ちょうど新岡山港の目の前に浮かぶ周長約1・2キロの南北に細長い無人島だ。かつては竹島とも呼ばれ、江戸時代には池田藩主が遊びに訪れていたという。大正末期には岡山市が島を借り上げ、春は桜、夏は海水浴を楽しむ海上公園として整備したこともある。

現在は私有地なので、勝手に船を着けて上陸することはできない。許可を得て取材に訪れてみると、無数の鵜やサギが島に棲み着いており、特に東海岸は鳥の糞で真っ白だった。糞害で樹木が枯れ、海岸の崖崩れまで引き起こしている。また温暖期にはヘビも多く見かけるそうだ。

旭川河口の児島湾に浮かぶ高島の全景

高嶋神社は海を隔てて約８００メートル南に位置する宮浦地区の氏神だ。宮浦には当社を拝むための辺津《へつ》宮がある。高嶋神社の社殿は銅板葺きで、立派な御扉を持つ本殿の千木は先端が水平に切られた内削ぎ、鰹木は２本となっている。拝殿から本殿に続く湾曲した屋根裏は、まるで船大工の仕事のような技だ。かつては随神門もあったが、今は礎石が見えるのみで、補修された鳥居も一部しか残っていない。皇紀２６００年とされる昭和15（１９４０）年、文部省がここを神武東征の聖蹟伝説地に認定した。島の北頂部には、神

神武天皇を祀る高嶋神社の本殿。立派な御扉が設えられ、高欄を持つ回り縁がめぐらされている。

武天皇の居住跡地と伝えられる遺跡もある。

ただし高嶋神社の祭神が神武天皇になったのは明治以降で、それ以前は春日神が祭神だった。境内には雨乞いを祈願した海龍王も祀られているが、これは高島に複数の井戸があることと関係がありそうだ。特に南頂部北麓に湧く「天の真名井」は名水として知られ、かつては宮浦や藤田地区から船で飲料水を汲みに来ていたこともある。

また島の各所には北斗七星を擬した岩が配され、南頂部の岩盤山頂にある磐座付近では須恵器や勾玉、鏡が出土している。高島は笠岡沖の大飛島《おおびしま》や玉野沖の荒神島などとともに、瀬戸内海に浮かぶ重要な古代祭祀遺跡の一つなのだ。

（2012年『オセラ』通巻57号初出）

島にいくつかある古い石積みの井戸の一つ。

26　玉比咩《たまひめ》神社　玉野市玉5－1－17

玉野市の中心部には標高数十メートルから200メートルほどの小高い山が連なって海岸へと迫り、その頂や中腹には古代信仰の磐座《いわくら》が数多く見られる。たとえば中山配水池のある宇野港近くの山頂付近には白狐稲荷の磐座が祀られ、日比《ひび》港を眼下に見おろす神登山《しんとうさん》の山頂には、巨岩を組んだ祭祀場とそれを囲むストーンサークルが残っている。そして造船工場などがある玉地区には標高約190メートルの臥龍山がそびえ、その山麓に玉比咩神社が鎮座している。

玉比咩神社の現在の主祭神は、海神《わたつみ》の娘で龍宮の乙姫様のモデルともいわれる豊玉姫命《とよたまひめのみこと》だ。記紀神話によれば、豊玉姫命は兄の釣り針をなくして海神の宮を訪れた山幸彦と結婚し、鮫（龍とも言われる）の姿になって神武天皇の父である鵜葺草葺不合命《うがやふきあえずのみこと》を産んだ。ところが山幸彦が約束を破って産屋《うぶや》の様子を覗いたため、彼女は異類の姿を見られたことを恥じて海へ帰ったという。こうした伝承から、玉比咩神社は航海安全や安産の神様として信仰されている。

当社の拝殿の前に立って振り向くと、真正面の大仙山の頂にも磐座が見える。さらには玉比咩神社の境内にも男根を思わせる巨岩の「立石」が祀られている。この立石はかつて玉石と呼ばれて崇敬を集め、「玉」という地名の由来になったとも伝えられる。岩の高さは10・6メートル、基底部の周囲は29・4メートルもあり、すぐ脇を走る国道430号からよく見える。古くはこの辺りまで海が広がっており、立石も波に洗われていた。

この立石の西面にある直径約40セ

龍宮の乙姫様のモデルとなった豊玉姫命を祀る玉比咩神社の立鳥居と拝殿。臥龍山の麓に位置する。

ンチの窪みから、ある夜3つの火の玉が飛び出したという。一つは会陽（裸祭り）

で有名な西大寺の観音様（岡山市）のところへ、もう一つは牛窓方面へ飛んで行き、残るもう一つが目の前にそびえる臥龍山中腹の巨岩に入ったとされている。その巨岩を祀っているのが、社殿に向かって境内左手の石段を上ったところにある「臥龍稲荷神社」だ。これは稲荷神である宇迦之御魂神《うかのみたまのかみ》が本来は磐座信仰と関わりが深いことをよく伝えていよう。稲荷を拝んで振り向くと、造船所のクレーンの向こうに瀬戸内海が広がっていた。

（2007年『オセラ』通巻29号初出）

玉比咩神社の起源とされるのが、境内に鎮座する大きな立石だ。古くは玉石と呼ばれ、霊岩として崇められてきた。

臥龍稲荷神社として祀られている臥龍山中腹の巨岩。立石から飛び出した火の玉の一つがここに入ったとされる。

27　千磐《ちいわ》神社　津山市加茂町知和《ちわ》343

ＪＲ因美線の知和駅から加茂川沿いを８００メートルほど上流に遡ると、素盞嗚命を祀る千磐神社が右手の山麓に見えてくる。知和の集落から石造りの一之鳥居をくぐって神社に向かう参道は、県道６号によって無残に分断されており、ときおり走って来る車に注意して県道を渡らなくてはならない。境内前の二之鳥居は簡素な木の神明鳥居で、石段を上った下段の境内には狛犬が置かれ、左手には神楽殿らしき建物が壁の崩れかけた姿で残っている。

上段の境内には、傷みの目立つ拝殿があり、その拝殿の向拝に接するようにして、神木の二叉大杉がそびえている。地上1・2メートルの高さで測った幹の目通り周囲が約5・4メートルあり、樹高は約40メートルに達する。推定樹齢は６７０年とされ、旧津山振興局が津山名木百選に挙げた巨樹だ。

そしてこの二叉大杉の幹に絡みつくようにして、太い藤蔓が天空へと伸びている。こちらは推定樹齢６３０年で、目通り周囲は約1・45メートルある。千磐神社の藤蔓として知られるが、その姿が地に伏した龍を思わせることから、別名「臥龍藤《がりゅう》」とも呼ばれ、特に花の咲く時期は一見の価値がある。二叉大杉も藤蔓も、津山市の天然記念物に指定されている。

社殿は山の斜面に建ち、拝殿・第一釣殿・弊殿・第二釣殿・本殿の順で階段状になっている。近年再建された本殿は保護屋根と波形プラスチックで囲われているため細部の様子はわかりにくいが、どうやら唐破風の向拝

参道の石段前に立つ木製の神明鳥居。麓の集落からの参道途中にある一之鳥居は石造りだ。

を持つ一間社妻入りのようだ。拝殿に向かって左手には、まるでモダンアートのような手水鉢が置かれ、反対側には矢筈《やはず》城跡への登り口がある。

矢筈城は標高756メートルの矢筈山頂に築かれた中世山城で、難攻不落を誇ったという。矢筈城主・草苅氏は千磐神社を篤く信仰し、当社境内には矢筈城内から遷された矢筈神社が祀られている。千磐神社の創建は不詳だが、古くは王子権現と称した知和の氏神で、明治6（1873）年に千磐神社と改称した。「千磐《ちいわ》」とは矢筈山の岩壁を指し、「知和《ちわ》」という地名もこれに由来するとされる。明治の終わりから大正の初めにかけて周辺地区の神社を合祀し、上加茂神社と号した時期もあるが、戦後になって社名を再び千磐神社に戻している。

（2011年『オセラ』通巻53号初出）

拝殿前にそびえる神木の大杉と、その幹に絡まって天へと
伸びる臥龍藤。どちらも津山市指定の天然記念物だ。

拝殿・第一釣殿・弊殿・第二釣殿・本殿が、山の斜面に
階段状に建てられている。本殿は平成後期に再建された。

28　津宮《つみや》八幡宮　岡山市東区内ヶ原1

国道2号を岡山市の東端まで走り、両備乗馬クラブを右に見ながら吉井川の西岸沿いを南下すると、中腹に大きな貯水タンクが二つ並んだ山が右手前方に迫ってくる。標高約156メートルの大日幡山《おおひばた》だ。神功皇后が三韓征伐の途上でこの大日幡山麓に船を着け、山頂に日の御幡を立てて軍勢を集めたと伝えられている。

また文明15（1483）年に一帯で生じた福岡合戦の際には、備後から加勢した山名勢が大日幡山に陣を敷いた。物見のために張り出して設けられた出丸からは、浦上勢が立て籠る福岡城の様子が手に取るように見えたに違いない。

大日幡山の尾根を東へたどった先端が、吉井川に付き出た標高50メートルほどの角山《つの》で、ちょうど岡山浄水場の南に位置している。この角山の山頂に祀られているのが津宮八幡宮だ。当社の祭神は足仲彦命《たらしなかつひこのみこと》（仲哀天皇）、応神天皇、神功皇后の三柱で、天応元（781）年に勧請したと伝えられるが、詳細は不明だ。往古の当社が海に面した湊に祀られていたために「津の宮」と呼ばれてきたのだとすれば、鎮座地の角山も本来は「津の山」だった可能性がある。

正面参道は角山の南山麓にあり、鳥居をくぐると急な石段が境内まで一気に続いている。昭和47（1972）年の火災で本殿以外を焼失し、赤いトタン屋根の仮殿が置かれていたが、後の再建で壁には黒い焼き板が張られ、扉や窓はサッシになっている。

一方、一間社流造りの本殿は以前のままで、飾り気のない質素なものだ。銅板葺きの本殿屋根には千木も鰹木も置かれていないが、床下には江戸時代初期のものと推定される珍しい形状の亀腹が見られる。亀腹とは社寺建築などの床下にある造形物で、湿気を防ぐ目的がある。白い漆喰を大きな

角山の南山麓に鳥居があり、参道の階段を上る。境内から振り返ると階段の急な角度がよくわかる。

饅頭のように盛って固めるのが一般的だが、当社本殿のそれは大きめの石を組み合わせたものだ。

境内の本殿西側には注連柱《しめばしら》が立てられて祠や小社が並んでおり、その北側には「角山東塚古墳」が半壊状態で残っている。調査記録によれば本来は直径約30メートル、高さが約4・5メートル半の円墳で、竪穴式石室を持っていた。津宮八幡宮の起源もこの古墳と関わりがあるのかも知れない。

現在、当社の氏子地域は角山南麓の内ヶ原と才崎の両地区のみだが、遠くから遥拝できるこの場所は、古来一帯の信仰を集めていたのではないか。

（2014年『オセラ』通巻71号初出）

本殿の床下に見える亀腹は珍しい形をしており、
江戸時代初期のものと推定される。

本殿裏には半壊した円墳があり、石室の側壁が
剥き出しになっている。

29　鶴山《つるやま》八幡宮　津山市山北159

津山市内には、美作三大社と称される中山神社（美作一宮）、高野神社（美作二宮）、美作総社宮といった有名な神社のほかにも、興味深い古社が数多く点在している。その中の一つが、今回取り上げる鶴山八幡宮だ。当宮は桜の名所・鶴山城から北西に約1キロ離れた小高い不知夜山《いざよいやま》にあり、鶴山城と総社宮と神楽尾山《かぐらおやま》を結ぶ直線上に位置している。この神社はかつて鶴山の山頂に祀られていたが、初代津山藩主・森忠政公が城を築くにあたって吉井川対岸の覗山《のぞきやま》に遷し、慶長13（1608）年に不知夜山に再遷して津山城府の守護神とした。

瑞垣で囲われた現在の本殿は、寛文9（1669）年に2代藩主・森長継公が再建したもので、この地方独特の中山造りとなっている。出雲系の影響がうかがえる入母屋造り妻入りで、唐破風の向拝を持つ建築様式には重厚な雰囲気が漂う。そして圧巻なのは、木鼻や蟇股、軒下で屋根を支える三手先《みてさき》の組物などに施された彫刻の数々だ。すでに色は落ちているが、極彩色だった創建当時は、さぞかし壮麗華美な本殿だったに違いない。

この本殿が昭和55（1980）年に国の重要文化財に指定されているほか、拝殿、釣殿、神供所、末社の薬祖神社が県の重要文化財だ。現在の社殿はほぼ東面しているが、かつては南面して建っていた。北にある黒沢山の聖地を拝んでいたのかも知れない。本殿の北側に設けられた神扉は、その名残だろうか。

ところでこの鶴山八幡宮は、別称「八子《やご》の八幡様」ともいう。社地の周辺一帯の字名も八子だ。鶴山の西麓に

中山造りの本殿は国指定重要文化財。

あった八子の集落が、忠政公の築城に際してここに移されたと伝わっている。「やご」は「屋子」とも書き、古代のたたら製鉄に欠かせない「鞴《ふいご》＝たたら」を意味する。古代から近世にかけて、中国山地一帯はたたら製鉄の盛んな地域だった。八子は元々これに関わる人々の集落名だったのではないか。

しかもすぐ南東の津山高校敷地内には、5世紀末から6世紀始めに造られた十六夜山古墳があるなど、鶴山八幡宮の鎮座地周辺は古代からの聖地だ。「八子の八幡様」という呼称にも、後世に広まった八幡信仰とは別系統の、もっと古い製鉄信仰が埋もれている可能性が高い。

（2010年『オセラ』通巻46号初出）

神門は軒先が深い薬師門様式で、江戸末期の嘉永３（1850）年建立という棟札が残っている。

本殿軒下の三段にせり出たみごとな三手先組物見上げ。獅子、貘、龍などが重なり合うように彫られている。

30　富御崎神社《とみおんざき》　倉敷市玉島富426

国道2号から県道35号（倉敷成羽線）に入って北上し、山陽自動車道の高架をくぐってしばらく走ると、左手のガードレールに「とみ」と書かれた案内板がある。見落としてしまうくらいの小さな案内板だ。それを頼りに左折して進み、もう一度左手に大きく曲がって山へと上りながら小さな運動公園を回りこむと、やがて標高約120メートルの八幡山の頂上に出る。そこに質素な社殿がポツンと建っている。玉依姫命《たまよりひめのみこと》を主祭神とする富御崎神社だ。社殿は西北西を向いており、表参道もそちら側だが、これはその方角にある山頂の磐座《いわくら》を遥拝しているためと思われる。

旧上竹村（浅口市金光町上竹）の民家に伝わる当社の縁起書によれば、その昔地元の漁師が海中の泥土の中から金色のご神体を拾った。それを持ち帰ったところ、湊《みなと》の人々からは数千艘の船が星の如く灯りをきらめかせて近づいて来るように見えた。これを聞いて近郷から数多くの参詣者が訪れたため、当の漁師は畏れてご神体を氏神様に奉り、それ以後御崎宮として地域の崇敬を集めることになったという。現在は仲哀天皇、神功皇后、応神天皇の三柱を祀る富八幡宮と合祀されており、こちらは九州の宇佐八幡宮を勧請したと伝えられている。

「御崎」は「おんざき」「みさき」などいろいろな読み方や概念の幅を持つ言葉だが、当社の場合は縁起にあるような神威の先触れと地形的な「岬」という意味が重なっているのではなかろうか。海や川に突き出した岩場などを指す「岬」は、川や潮の流れがぶつかって向きを変えたり、合流したりする先端の場所であり、

本殿の屋根は重厚で鬼瓦のほかにも多彩な飾りが目を引く。

各地で古くから特別な聖地として御崎神社が祀られてきた。

富御崎神社の鎮座する八幡山も、かつては海に面する岬だったと考えられよう。社殿の南側には磐座のほかにも「八畳岩」と呼ばれる巨岩がある。かつては足下に吉備の穴海を見渡すことができたこの巨岩は、おそらく古代の海人系の人々にとって大切な航路の目印でもあったに違いない。

どことなく中国風を感じさせる富御崎神社の本殿は、小さいながらも立派な瓦屋根を持つ。現在の社殿が建てられた時期は不明だが、蟇股《かえるまた》などに施された彫刻もみごとで、文化財としての調査と保護が望まれる。

（2011年『オセラ』通巻54号初出）

本殿には竜虎のほか、鯉の滝登りや鳳凰などのみごとな彫り物が施されている。

社殿に向かって右手奥に少し歩くと八畳岩に出る。

31　布施神社　苫田《とまた》郡鏡野町富西谷220

県北の鏡野町西部､旧富村の中心部に位置する布施（布勢とも表記する）神社は、古くから登美荘二十四か村の総鎮守として崇敬されてきた。元は白い鹿を捕らえて朝廷に献上したとされる白河山の宮住に祀られていたが、後に現在の鎮座地から白賀川を挟んだ反対側の三塚の壇に遷され、さらに永享《えいきょう》年間（1429～41）になって現在の場所へ遷下したという。

境内を囲むスギやケヤキの巨木のうち16本が町指定の天然記念物で、その推定樹齢550～650年は現在地への遷下の時期とほぼ一致している。鳥居をくぐるとすぐ随神門があり、その中に立つ阿吽二体の像は町指定の文化財だ。このほかにも本殿二棟や慶安3（1650）年に再建された際の棟札、室町から江戸初期作の獅子頭、初花の額など、当社には町指定の文化財が数多くある。

拝殿は正面が格子戸になっており、岡山県北に多く見られる舞殿を兼ねた形式だ。また当社の拝殿が左右に長いのは、背後にある本殿が二棟に分かれてい

横に長い布施神社の拝殿と東西２棟に分かれている本殿。本殿はどちらも妻入りの一間社で、屋根は銅板葺きだ。

るためだ。東の宮には主祭神の素盞鳴尊《すさのおのみこと》を、やや小さな西の宮にはその妻・奇稲田姫命《くしいなだひめのみこと》を祀り、布施両社大明神とも称される。神紋は柏の葉を２枚あしらった抱柏葉と三つ巴だ。

　現在の本殿は嘉永６（１８５３）年に再建されたもので、東西とも春日造りの一間社となっており、高い床と大きく湾曲した海老虹梁が特徴的だ。また縦柱を貫き出た木鼻や横木を支える蟇股などに施された彫刻もすばらしく、今もわずかながら朱などの彩色が確認できる。そして東西の本殿の間には木の柵で囲った磐座が祀られている。これは触ると祟りがあると伝えられ、いかなる時もこの石を動かしてはならない。

毎年5月5日に当社の境内で行われる「お田植祭」は、昭和37（1962）年に県の重要無形民俗文化財に指定された。平安時代末期から受け継がれる豊作祈願の神事として知られ、毎年大勢の見物客でにぎわう。当日は「獅子練り」による浄めに始まり、少年が牛に扮する「荒起し、代掻き」、パントマイムの「鍬代」、男衆による「田植」

精緻な彫刻が施された本殿の海老虹梁や木鼻。大きな曲がりを持つ海老虹梁は、一本の木材から彫り出されている。

と続き、神事のクライマックスは「殿様（長者）と福太郎」の掛け合いだ。福太郎の滑稽な所作は見物客を笑わせるが、殿様は決して笑ってはならない。笑うとその年は不作となるということだ。

（2012年『オセラ』通巻61号初出）

東西の両本殿の間に祀られた磐座の下には神宝が埋まっているという。

32 兩兒《ふたご》神社　倉敷市松島943

兩兒神社が鎮座する倉敷市東部の「松島」という地名は、この一帯に海が広がっていた時代の名残だ。当社の社叢はＪＲ中庄駅の北東、川崎病院の南西すぐの小高い丘の上に見えている。ただし兩兒神社がこの場所に遷ったのは後代のことで、元宮はここから約1キロ北北西に位置する、標高151メートルの高鳥居山の山頂にある奥の院だ。高鳥居山の一帯には古墳群もある。

伝承によれば、当社の創建は神話時代にまでさかのぼる。朝鮮半島から凱旋の帰途、船で高鳥居山に立ち寄った神功皇后がここに神を祀り、ちょうど皇子（後の応神天皇）が二歳になったので二子宮と称したという。これが兩兒神社の起源として記され、高鳥居山麓には「二子」の地名がある。

奥の院への古い参道は山陽自動車の建設で分断されてしまい、今は入口の鳥居跡に石碑がひっそりと残っている。高鳥居山頂へのルートはいくつかあり、鳥居跡から山裾の旧道を北東に600メートルほどのところからも登れる。出発点付近には神功皇后の食事に使われたという「神水の井」がある。奥の院には鯨岩と呼ばれる横長の磐座《いわくら》が祀られ、その上に「神功皇后行在之跡《あんざい》」と彫られた石碑が建てられている。

松島に遷された兩兒神社はこの地にあった八幡神社と合祀《ごうし》され、伊邪那岐大神《いざなぎのおおかみ》、伊邪那美大神《いざなみのおおかみ》、天照大神《あまてらすおおみかみ》、月夜見大神《つくよみのおおかみ》、品陀和気尊《ほんだわけのみこと》（応神天皇）の五座を併せ祀ったことから「五座八幡宮」とも称せられてきた。毎年10月の第3日曜と翌日に秋の例大祭が催され、神饌三十五膳据え行事や米粉を練った御曲餅《おまがりもち》のお供えが行われる。

ところでこの兩兒神社には、「禹餘糧石《うよりょう》」

高鳥居山頂にある奥の院には磐座が祀られ、「神功皇后行在之跡」と彫られた石碑が立つ。

と呼ばれる不思議な奉納物が保管されている。禹餘糧石は古くから仙薬の一つとされてきた貴重なもので、中国最古の薬学文献『神農本草経《しんのうほんぞうきょう》』にも記載があるという。その生成過程はよくわかっていないが褐鉄鉱の一種で、外殻表面は酸化して黄土色と茶褐色が混じり、中に詰まった粘土を薬として用いたと伝えられる。

水分が抜けると内部に空洞が生じ、振ると音がすることから「鳴石」や「鈴石」とも呼ばれ、外殻を割って容器としても使われたそうだ。禹餘糧石はわが国でも各地に産出しているが、兩兒神社のものは卵型で長径が約25センチ、重さ約7キロと全国的にも珍しい大きさだ。

（2007年『オセラ』通巻30号初出）

拝殿には「五座八幡社」という扁額が掲げられている。

氏子から奉納された不思議な禹餘糧石。表面は黄土色に焦げ茶色が混じり、長径が約 25cmの卵型をしている。

33　船川八幡宮　新見市新見1781

国道180号を北上して新見市の中心部に入り、新見高校南校地の北側を右に折れると、珍しい青銅の鳥居が見えてくる。その鳥居をくぐった先の明月山《めいげつ》に鎮座しているのが、応神天皇を祀る船川八幡宮だ。鳥居に掛かる「八幡宮」という扁額を見ると、「八」の字が向かい合った二羽の鳩にデザインされている。これは鳩が応神天皇の使鳥とされているからだ。

この神社が珍しいのは、拝殿の奥に幣殿も釣殿もなく、本殿との間の空間が神庭になっていることだ。拝殿のすぐ裏には、中国由来という風変わりな一対の狛犬が置かれている。身体全体が赤く彩色されて愛嬌のある表情をしており、口の形も一般的な阿吽《あうん》の組み合わせにはなっていない。本殿は出雲大社と同じ妻入りで、御扉の内側はご神体を安置する「内陣」と参拝客が礼拝する「外《げ》陣」とに分かれている。

本殿裏の南側にある古い石段を上ると十社を合祀した奥宮の社が見えてくる。

その途中には古墳時代のものと思われる組立式石棺が土に埋まっているが、一帯には古墳が点在している。この場所が古代からの聖地だった証だ。

社伝によれば、天永年間（1110～13）に山城国男山八幡宮（石清水八幡宮）を新見村今市（現・新見宮地町）へ勧請したのが、当宮の始まりとされる。また室町後期の永禄年間（1558～70）に、新見村の鳶ヶ巣《とびがす》城主・徳光兵庫頭が、神夢によって備中松山への舟路を開いたという。徳光はこれにちなんで

青銅の鳥居は全国でも数が少ない。柱とその上に渡す島木の間にリング状の台輪を持つ様式で、高さは約3mある。

「舩川（ふなかわ）」の山号を奉り、以来当宮は「舩川八幡宮」と称されてきた。

さらに津山から移封《いほう》された初代新見藩主の関長治公が、正徳5（1715）年に宮を現在の場所に奉遷し、領内の総鎮守とした。昭和13（1938）年には新見の大火で社殿が焼失し、昭和22（1947）年に再建されている。そして平成3（1991）年、山号の表記を「舩川」から「船川」に改めた。

毎年10月15日に行われる例大祭では、御神幸《ごしんこう》武器行列（大名行列）が当宮から出発し、宮地町の御旅所までを往復する。男たちは土下座して行列を迎えることから、別名「土下座まつり」とも呼ばれる。長治公が御神幸の警護をさせたのが始まりと伝えられ、昭和49（1974）年に新見市の無形民俗文化財に指定された。また例大祭のひと月前には当宮の酒造殿で濁酒の醸造が始まり、前夜祭には湯立て神事を行って五穀豊穣と祭りの無事を祈る。

（2010年『オセラ』通巻47号初出）

出雲大社と同じ
く妻入り形式の
本殿。拝殿との
間は開放的な神
庭となっている。

赤く彩色された狛犬は、
本殿に向かって左が玉を
持ち、右が子連れの姿だ。
どちらも愛嬌のある表情
をしている。

34　星尾神社　井原市美星《びせい》町星田5276

「日本三選星名所」の一つとして知られる井原市美星町には、流れ星が降ってきたという言い伝えがある。落下場所とされるのは美星町黒忠の八日市周辺だ。八日市は中世から八の日に三斎市が開かれていた商業の中心地で、戦後も娯楽や興行でにぎわった。波打つような坂の狭い旧道沿いに集落が形成され、軒を連ねる古い商家風の建物には往時の繁栄ぶりがうかがえる。

鎌倉時代の承久年間（1219～22）、夜空に現れた流れ星が3つに割れ、それぞれ八日市、本村《ほんむら》、北槙に落下したと伝えられている。このうち八日市に落ちた星を祀っているのが、県道77号沿いの高星神社だ。天文元（1532）年に星の明神としてこの地に勧請された社で、低い鳥居の扁額には「星王大明神」とある。当社は次に述べる本村の宇佐八幡神社の飛び地境外社だ。

宇佐八幡神社は、八日市から県道292号を北東に1キロ半ほど行くと、左手に見える。その境内社の一つが、本村に落ちた星を祀る皇《すめらが》神社だ。皇神社の別称は明神社（星大明神）で、宇佐八幡の勧請以前からこの地に鎮座していたと考えられる。

3つに割れた流れ星のうち一番大きな星が落ちたとされるのは、八日市から1キロほど南下した星田地区の北槙だ。周囲を高台に囲まれた窪地の底に、降星地を示す石灯籠と石柱が立てられている。この石灯籠の南西側の高台に祀られているのが、星の宮とも呼ばれる星尾神社だ。

古い木製の両部鳥居から続く広い参道にはヒノキなどの古樹が立ち並び、ゆるやかな坂を下って正面の石

宇佐八幡神社の境内にある皇神社。独自の石段と狛犬を持つ。

段を上る。格子になった拝殿の正面左右には門神が設けられている。本殿は瓦葺きの立派な三間社で、屋根には千木も鰹木も置かれていない。

星尾神社の社殿は珍しい北西向きだが、社伝によれば古くは南向きだった。ところが遠く離れた笠岡の漁民から、神威が海にまで及んで魚が獲れないという請願があったため、現在の向きに変えられたそうだ。以後は豊漁が続き、江戸時代の終わり頃までは漁民から魚が奉納されていた。同様の言い伝えは高星神社など周辺の神社にも残っており、興味深い。また『美星町史』によれば、星尾神社の神事に際して使う垢離《こり》水は、わざわざ20キロも離れた笠岡の西浜から潮水を汲んで来ていたという。

（2014年『オセラ』通巻70号初出）

一番大きな星が落ちたとされる北槙には、石灯籠と「星尾大明神降神之地」の碑柱が建てられている。

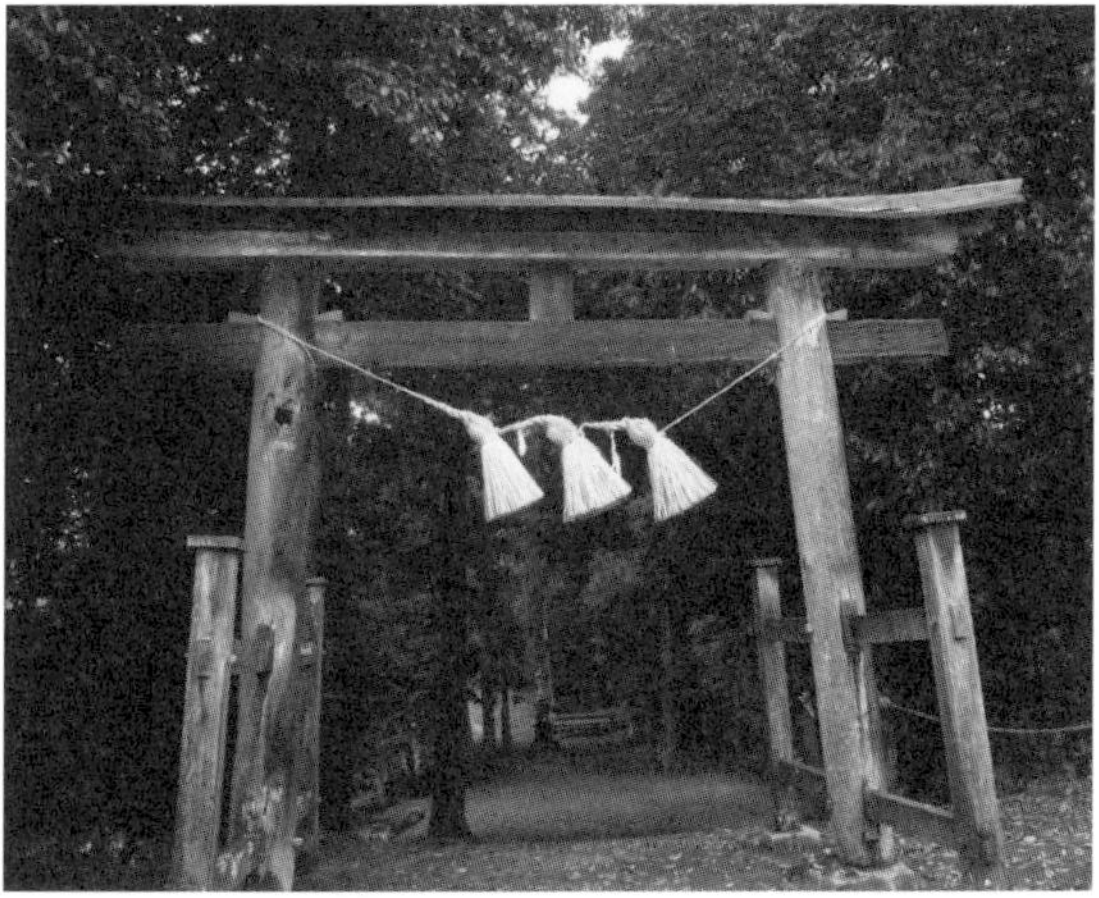

星尾神社参道の鳥居は笠木の上に屋根を持ち、４本の稚児柱で本柱を支える両部鳥居だ。

35　魔法神社　総社市槁《けやき》453－2

総社市中心部から国道180号を高梁方面に向かい、種井で県道306号に入って伯備線の踏切を渡る。そのまま曲がりくねった道を5キロほど北上すると、高間キャンプ場方面との別れ道付近の右手に「魔法神社」という石柱が立っている。何とも不思議な名前の神社だが、ここに祀られているのは、牛や馬を守るとされる「キュウモウ狸」だ。

このキュウモウ狸信仰はどうやら岡山の吉備高原一帯独自のものらしい。

伝承によると、キュウモウ狸は中国生まれで、室町時代の終わり頃、南蛮船で渡来した宣教師たちに紛れ

参道の登り口には、昭和55（1980）年の参道竣工を記念した「魔法神社」の石柱が立てられている。

て大阪の堺にやってきたという。つまり外来種ということになる。日本各地を渡り歩いた後、加茂郷の加茂市場（現在の加賀郡吉備中央町下加茂あたり）に棲み着き、銅坑跡をねぐらにしていた。キュウモウ狸は人間に化けて村人の仲間に加わったとも、悪戯が過ぎて加茂・円城寺の和尚に懲らしめを受けたとも伝えられる。

その後、牛や馬を守護し、火難盗難を告げる神として祀られ、農民たちの信仰を集めてきた。この信仰は「魔法様」と呼ばれているが、魔法様には狸を祀るものとそうでないものがあるようだ。狸を祀っているのは、「魔法宮」と呼ばれる吉備中央町上田西黒杭《くろくい》の火雷《からい》（「ほのいかづち」とも読む）神社や本殿裏に狸穴のある同町細田の久保田（天津）神社などだ。また同町竹荘の岩牟良神社の境内にも魔法様が祀られているが、キュウモウ狸と関わりがあるのだろうか。

さて、槁の魔法神社の参道入り口には丸木を二本立てただけの素朴な立鳥居があり、その間を抜けて石段を上ると、手入れの行き届いた広い境内へと至る。社殿に向かって左手前に四角い手水鉢が置かれ、右手前隅の墓石のような石碑には、「魔法神社　為牛馬繁栄之」と刻まれている。『総社市史』によれば、夏の祭りには花火を上げるという。
西向きの社殿は光沢のある黒い瓦葺きで、鬼瓦には大国主命や打ち出の小槌が描かれている。舞殿風の拝殿は四方に壁のない開放的な構造だ。本殿はシンプルな一間社流造りで、屋根には千木も鰹木も置かれていない。「魔法」という社名ばかりに注目が集まるが、もし鎮座地の字である梶木の「梶」が「加治」「鍛治」に由来するとすれば、鉄鉱石の産出や古代製鉄とのつながりも推測される。

(2014年『オセラ』通巻72号初出)

開放的な拝殿。昭和 27（1952）年の改築時には、松原村や落合村（いずれも現在は高梁市）からも協賛があったという。

拝殿のゴツゴツした太い梁はいかにも牛馬の守護神といった印象だ。

36　両疫神社《りょうやく》　総社市美袋《みなぎ》2235

両疫神社は総社市北西部にある秋葉谷の中ほどに祀られている。総社市中心部から国道180号を高梁方面に向かって進むと、作原《さくばら》地区を過ぎたあたりに疫神《やくじん》踏切がある。そこが神社の表参道入口だ。ちょうどJR伯備線の作原トンネルと美袋トンネルの間になる。全国に「疫神社」は数多いが、「両疫」という名前の神社は珍しく、県内では倉敷市船穂《ふなお》町に同名の神社がもう一つある。

踏切手前の駐車スペースに車を止め、下り線と上り線が別になった踏切をそれぞれ渡ると小さな橋があり、その先の谷川沿いに約400メートルの参道が続く。ただし猪が掘り返して荒れた参道は笹や雑木に覆われたまま放置され、ところどころ倒木が道を塞いでいるという状態だ。すでに参道としての役割は果たしていない。途中に石鳥居と古い常夜燈が立っているが、参道は境内の手前で採石作業用の道路によって分断されている。美袋集落の入口にある採石場側から車で入ることも可能だが、事務所で許可をもらわねばならない。

谷川に掛けられた小橋を渡った先にある山裾の境内は、樹木に日差しを遮られて夏でもひんやりとした空気に包まれている。採石場の喧騒からはほんの少ししか離れていないにもかかわらず、木漏れ日の中に立つとせせらぎの音と鳥の鳴き声しか聞こえない。谷川の両岸には石を積んだ古い護岸が見え、境内の神木の太い根が一本、橋に沿うように谷川を渡って伸びている。

東南向きに建つ社殿は質素なものだが、窓の縦格子は角が正面に向けられている。この神社は全国に疫病が流行った時代に、悪疫を祓う神として京都

笹や雑木に覆われた参道に立つ石鳥居。

の祇園社（祇園の八坂神社）を勧請したものと考えられる。また『昭和町史』は「両疫」という名前の由来を、素盞嗚尊《すさのうのみこと》の荒ぶる「荒魂《あらみたま》」とやさしく恵み深い「和魂《にぎみたま》」を合わせ祭るところからきたと説明している。

社殿の隣には神輿蔵があり、毎年の夏祭りにはここから山麓の集落へと神輿が太鼓の音とともに威勢よく繰り出し、悪疫の退散を祈願したという。筆者が6年前に訪れた際には拝殿前に注連縄が張られていたが、現在の荒れた社殿からは祀られている様子がうかがえない。

（2016年『オセラ』通巻82号初出）

秋葉谷の中ほどの山裾にある両疫神社の拝殿。
採石場の奥に位置している。

境内へ渡る橋の付近には石積みによる護岸が
施されており、どの石も緑色に苔むしている。

主な参考資料

『英田郡誌』1923英田郡
『浅口郡誌（復刻版）』浅口郡役所（原典は1925年出版）作陽新報社
『井原市史 Ⅵ民俗編』井原市史編集委員会2001井原市
『岡山県史（第15巻民俗Ⅰ／第16巻民俗Ⅱ）』岡山県史編纂委員会1983岡山県
『岡山県神社誌』1981岡山県神社庁
『岡山県通史（復刻版）』永山卯三郎1976岡山県通史刊行会
『岡山県の地名 日本歴史地名体系第34巻』1988平凡社
『岡山市史 旧版第5巻（復刻版）』岡山市役所1975明治文献
『岡山市史 古代編／宗教・教育編』岡山市史編集委員会1962／1968岡山市役所
『岡山市百年史 下巻』岡山市百年史編さん委員会1991岡山市
『岡山の式内社』薬師寺慎一 2010吉備人出版
『岡山の島』巌津政右衛門1978岡山文庫
『岡山の民間信仰』三浦秀宥1977岡山文庫
『小田郡誌』小田郡教育会1972名著出版
『落合町史 民俗編／地区誌編』落合町史編集委員会1980／1999落合町
『笠岡市史第2巻／資料編上巻／地名編』笠岡市史編さん室1989／1999／2004笠岡市
『笠岡町沿革史』世良長造1951笠岡町沿革史編纂期成会
『笠岡町誌』高田九郎1917岡本文明堂
『笠岡町誌』1926笠岡町
『勝田郡誌』国政寛1958勝田郡誌刊行会
『角川日本地名大辞典33岡山県』1989角川書店
『加茂川町史（正／続）』植木克己1986／1991出版サービスセンター
『加茂川町の民俗』1990岡山民俗学会
『加茂町史（本編）』加茂町史編纂委員会1975加茂町
『賀陽町史』賀陽町教育委員会1972賀陽町

『川上郡誌』私立川上郡教育会1972名著出版
『川上村史』川上村史編纂委員会1980川上村役場
『川上町史 地誌編』川上町教育委員会町史編纂委員会1991川上町
『吉備の児島の総鎮守』武鐀臣夫1993私家版
『久米郡誌』1923久米郡教育会
『久米町史』久米町史編纂委員会1984久米町教育委員会
『久米南町誌』久米南町誌編纂委員会1982久米南町
『倉敷市史第5冊（復刻版）』永山卯三郎1973名著出版
『古事記』倉野憲司校注1987岩波文庫
『参修高島考』水原岩太郎1940私家版
『式内社調査報告 第22巻』式内社研究会1980皇学館大学出版部
『後月郡誌（復刻版）』後月郡役所1983作陽新報社
『倭文地区の歴史（古代編）』筒塩泰崇2007津山朝日新聞社
『勝央町誌』勝央町誌発刊委員会1984勝央町
『上道郡誌』上道郡教育会1973名著出版
『上道町史』岡崎誠1973岡山市役所
『上房郡誌（復刻版）』私立上房郡教育会1972作陽新報社
『昭和町史』大月雄三郎1970昭和町役場
『神社大観』光永星郎編1940日本電報通信社
『新修倉敷市史13美術・工芸・建築』倉敷市史研究会1994山陽新聞社
「人獣交渉史 ―狼と塩―」菱川晶子1997（『口承文芸研究』第20号所収）
『新訂作陽誌（復刻再版）』矢吹金一郎校訂1975作陽新報社
『総社市史 民俗編／通史編』総社市史編さん委員会1985／1998総社市
『高島の自然と歴史』1986 岡山の自然を守る会
『建部町史』1991～95建部町
『玉野市史 続編』玉野市史編纂委員会1972玉野市役所

『中央町誌』美咲町史編さん委員会・中央町誌編集委員会2017~22美咲町
『都窪郡誌』1923都窪郡教育会
『津山の社寺建築』奈良国立文化財研究所編1988津山市教育委員会
『苫田郡誌』1927苫田郡教育会
『富村郷土史』山崎節治1966富村教育委員会
『富村史』富村史編纂委員会1989富村
『新見市史 通史編上巻』新見市史編纂委員会1993新見市
『日本書紀（上・下）』井上光貞監訳2020中公文庫
『美星町史 通説編』美星町史編集委員会1976美星町
「備前加茂化生狸由来記」榾崎頼久1929（山陽新報社『吉備文庫第二輯』所収）
「備前熊山の上之宮と下之宮」吉崎志保子1977（新人物往来社『歴史研究』第200号所収）
『兵庫県史 第4巻』兵庫県史編集専門委員会1979兵庫県
『府県郷社明治神社誌料下巻』1912明治神社誌料編纂所
『北房町史 民俗編／通史編上』北房町史編集委員会1983／1992北房町
『美作國神社資料』美作國神社資料刊行会1920岡山県神職会美作五郡支部
『桃太郎と邪馬台国』前田晴人2004講談社現代新書
『矢掛町史 民俗編／本編』矢掛町史編纂委員会1980／1982矢掛町
『柵原町史』柵原町史編纂委員会1987柵原町
『弓削町史』丸山肇1954弓削町役場
『寄島町誌』藤沢晋1967寄島町役場
『寄島風土記』寄島町文化財保護委員会1986寄島町教育委員会
『わがまちの文化遺産』備前市文化協会記念誌編集委員会1998備前市文化協会
『和気郡誌（復刻版）』私立和気郡教育会（原典は1909年出版）作陽新報社
参考サイト
岡山県神社庁（okayama-jinjacho.or.jp）
岡山県ホームページ（文化財課）岡山県内所在の国・県指定文化財（pref.okayama.jp）
※このほかにも各神社の社歴や略記、由緒書きなどを随時参照させていただいた。

略歴

監修・野崎豊《みのる》
1942 年岡山市生まれ。長年にわたって古代祭祀や神社仏閣の調査研究に取り組む。フィールドワークに裏づけされた豊富な知識と独自の視点からのわかりやすい解説には定評があり、寺社めぐりや遺跡探訪ツアーのガイド役としても活躍。岡山歴史研究会顧問、イワクラ（磐座）学会岡山世話人を務める。

執筆・世良利和
1957 年島根県大社町生まれ。福山大学専任講師等を経て執筆活動に入り、雑誌・新聞に数多くの論考やエッセイを発表。2006 年から「岡山の神社　気ままめぐり」を『オセラ』に連載。法政大学沖文研国内研究員、岡山理科大学兼任講師。著書に『笠岡シネマ風土記』（岡山文庫 320）など。博士（芸術学）。

岡山文庫 330　岡山の神社探訪（上）
- 古社・小社をめぐる -

令和 5（2023）年 5 月 27 日　初版発行
著　者　世良利和
監　修　野崎　豊
発行者　荒木裕子
印刷所　株式会社三門印刷所
発行所　岡山市北区伊島町一丁目 4−23 **日本文教出版株式会社**
電話岡山（086）252−3175（代）
振替 01210-5-4180（〒 700−0016）
http://www.n-bun.com/

ISBN978−4−8212−5330−2

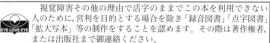

101. 岡山と朝鮮・西川 宏
102. 岡山の和紙・白井英治
103. 岡山の艶笑譚・立石憲利
104. 岡山の文学アルバム・山本遺太郎
105. 岡山の映画・松田完一
106. 岡山の石仏・巌津政右衛門
107. 岡山の橋・宗田克巳
108. 岡山のエスペラント・岡 一太
109. 岡山の狂歌・蓬郷 巌
110. 百間川・岡山の自然を守る会
111. 夢二のふるさと・真田芳夫 葛原茂樹
112. 岡山の梵鐘・川端定三郎
113. 岡山の演劇・山本遺太郎
114. 岡山話の散歩・岡 長平
115. 岡山地名考・宗田克巳
116. 岡山の戦災・野村増一
117. 岡山の町人・片山新助
118. 岡山の会陽・三浦 叶
119. 岡山の石・宗田克巳
120. 岡山の滝と渓谷・川端定三郎
121. 岡山の味風土記・岡 長平
122. 目でみる岡山の明治・巌津政右衛門
123. 岡山の散歩道 東西・佐藤米司
124. 目でみる岡山の大正・蓬郷 巌
125. 児島湾・同前峰雄
126. 岡山の庶民夜話・佐上静夫
127. 岡山の修験道の祭・川端定三郎
128. 目でみる岡山の昭和Ⅰ・蓬郷 巌
129. 岡山のふるさと雑話・佐上静夫
130. 岡山のことわざ・佐藤・次田 竹内・福尾
131. 目でみる岡山の昭和Ⅱ・蓬郷 巌
132. 瀬戸大橋・OHK編
133. 岡山の路上観察・香川・河原
134. 岡山の相撲・二宮朔山
135. 岡山の古文献・中野美智子
136. 岡山の門・小出公大
137. 岡山の内田百閒・岡 将男
138. 岡山の彫像・蓬郷 巌
139. 岡山の名水・川端定三郎
140. 両備バス沿線・両備バス広報室
141. 岡山の明治の雑誌・片山・来田 菱川
142. 岡山の災害・蓬郷 巌
143. 岡山の看板・河原 馨
144. 由加山・原 三正
145. 岡山の祭祀遺跡・八木敏乗
146. 岡山の表町・岡山を語る会
147. 逸見東洋の世界・白井洋輔
148. 岡山ぶらり散策・河原 馨
149. 岡山名勝負物語・久保三千雄
150. 坪田譲治の世界・善太と三平の会
151. 備前の霊場めぐり・川端定三郎
152. 藤戸・原 三正
153. 矢掛の本陣と脇本陣・武・中山・岡田 池田・柴口
154. 岡山の図書館・黒崎義博
155. 岡山の戦国時代・松本幸子
156. 岡山の資料館・河原 馨
157. カブトガニ・惣路紀通
158. 正阿弥勝義の世界・白井洋輔
159. 木山捷平の世界・定金恒次
160. 岡山の備前ばらずし・窪田清一
161. 良寛さんと玉島・森脇正之
162. 備中の霊場めぐり・川端定三郎
163. 岡山の多層塔・小出公大
164. 六高ものがたり・小林宏行
165. 下電バス沿線・下電編集室
166. 岡山の博物館めぐり・川端定三郎
167. 岡山の民間療法(上)・鶴藤鹿忠 竹内平吉郎
168. 吉備高原都市・小出公大
169. 玉島風土記・木村岩治
170. 洋学者箕作阮甫とその一族・森脇正之
171. 夢二郷土美術館・松田 基 楢原雄一
172. 岡山のダム・川端定三郎
173. 岡山の森林公園・河原 馨
174. 宇田川家のひとびと・水田楽男
175. 岡山の民間療法(下)・鶴藤鹿忠 竹内平吉郎
176. 岡山の温泉めぐり・川端定三郎
177. 阪谷朗廬の世界・山下五樹
178. 目玉の松ちゃん・尾上松之助 中村房吉
179. 吉備ものがたり(上)・市川俊介
180. 中鉄バス沿線・中鉄バス(株)企画部
181. 飛翔と回帰—国吉康雄の西洋と東洋・小澤善雄
182. 岡山の智頭線・河原 馨
183. 出雲街道・片山 薫
184. 備中高松城の水攻め・市川俊介
185. 美作の霊場めぐり・川端定三郎
186. 吉備ものがたり(下)・市川俊介
187. 津山の散策 にし ひがし・黒田 晋 竹内平吉郎
188. 倉敷福山と安養寺・前川 満
189. 鷲羽山・山本慶一 西田正憲
190. 和気清麻呂・仙田 実
191. 岡山たべもの歳時記・鶴藤鹿忠
192. 岡山の源平合戦談・市川俊介
193. 岡山の氏神様・二宮朔山
194. 岡山の乗り物・蓬郷 巌
195. 岡山・備前地域の寺・川端定三郎
196. 岡山ハイカラ建築の旅・河原 馨
197. 牛《うし》窓《まど》を歩く・前川 満
198. 岡山のレジャー地・倉敷ぶんか倶楽部
199. 斉藤真一の世界・斉藤裕重 イシイ省三
200. 巧匠 平櫛田中・原田純彦

201. 総社の散策・神野力・葛原克人・加藤信二
202. 岡山の路面電車・楢原雄一
203. 岡山ふだんの食事・鶴藤鹿忠
204. 岡山のふるさと市・倉敷ぶんか倶楽部
205. 岡山の流れ橋・渡邉隆男
206. 岡山の河川拓本散策・坂本亜紀児
207. 備前を歩く・前川満
208. 岡山言葉の地図・今石元久
209. 岡山の和菓子・太郎良裕子
210. 吉備真備の世界・中山薫
211. 柵原散策・片山薫
212. 岡山の岩石・野瀬重人・沼野忠之
213. 岡山の能・狂言・金関猛
214. 岡山の鏝絵・赤松壽郎
215. 山田方谷の世界・朝森要
216. 岡山おもしろウオッチング・おかやま路上観察学会
217. 岡山の通過儀礼・鶴藤鹿忠
218. 日生を歩く・前川満
219. 備北・美作地域の寺・川端定三郎
220. 岡山の親柱と高欄・渡邉隆男
221. 西東三鬼の世界・小見山輝
222. 岡山の花粉症・三好・難波・岡野・山本
223. 操山を歩く・谷淵陽一
224. おかやま山陽道の拓本散策・坂本亜紀児
225. 霊山熊山・仙田実
226. 岡山の正月儀礼・鶴藤鹿忠
227. 原子物理学の父 仁科芳雄・井上泉・イシイ省三
228. 赤松月船の世界・定金恒次
229. 邑久を歩く・前川満
230. 岡山の宝箱・臼井洋輔・臼井隆子
231. 平賀元義を歩く・渡部秀人・竹内佑宜
232. 岡山の中学校運動場・奥田澄二
233. おかやまの桃太郎・市川俊介
234. 岡山のイコン・植田心壮
235. 神島八十八ヶ所・坂本亜紀児
236. 倉敷ぶらり散策・倉敷ぶんか倶楽部
237. 作州津山 維新事情・竹内佑宜
238. 坂田一男と素描・妹尾克己・イシイ省三
239. 岡山の作物文化誌・臼井英治
240. 児島八十八ヶ所霊場巡り・倉敷ぶんか倶楽部
241. 岡山の花ごよみ・前川満
242. 英語の達人・本田増次郎・小原孝
243. 城下町勝山ぶらり散策・橋本惣司・倉敷ぶんか倶楽部
244. 高梁の散策・朝森要
245. 薄田泣菫の世界・黒田えみ
246. 岡山の動物昔話・立石憲利・江草昭治
247. 岡山の木造校舎・河原馨
248. 玉島界隈ぶらり散策・小野敏也・倉敷ぶんか倶楽部
249. 岡山の石橋・北脇義友
250. 哲西の先覚者・加藤章三
251. 作州画人伝・竹内佑宜
252. 笠岡諸島ぶらり散策・NPO法人かさおか島づくり海社
253. 磯崎眠亀と錦莞莚・吉原睦
254. 岡山の考現学・おかやま路上観察学会
255. 「備中吹屋」を歩く・前川満
256. 上道郡沖新田・安倉清博
257. 続・岡山の作物文化誌・臼井英治
258. 土光敏夫の世界・猪木正実
259. 吉備のたたら・岡山地名研究会
260. いろはで綴る ボクの子供事典・赤枝郁郎
261. 民話の里 鏡野町伝説紀行・立石憲利・片田知宏
262. 笠岡界隈ぶらり散策・ぶらり笠岡友の会
263. つやま自然のふしぎ館・森本信一
264. 岡山の山野草と野生ラン・小林克己
265. 文化探検 岡山の甲冑・臼井洋輔
266. ママカリ ヒラに まったりサーラ・窪田清一
267. 岡山の駅舎・河原馨
268. 守分 十の世界・猪木正実
269. 備中売薬・土岐隆信・木下浩
270. 倉敷市立美術館・倉敷市立美術館
271. 津田永忠の新田開発の心・柴田一
272. 岡山ぶらりスケッチ紀行・南一平・網本善光
273. 倉敷美観地区 歴史と民俗・吉原睦
274. 森田思軒の世界・倉敷ぶんか倶楽部
275. 三木行治の世界・猪木正実
276. 岡山路面電車各駅街歩き・倉敷ぶんか倶楽部
277. 赤磐きらり散策・高畑富子
278. 岡山民俗館 民具一〇〇選・岡山民俗学会
279. 笠岡市立竹喬美術館・笠岡市立竹喬美術館
280. 岡山の夏目金之助(漱石)・横山俊之・熊代正英
281. 吉備の中山を歩く・熊代哲士・熊代建治
282. 備前刀 日本刀の王者・佐藤寛介・植野哲也
283. 繊維王国おかやま今昔・猪木正実
284. 温羅伝説・中山薫
285. 現代の歌聖 清水比庵・笠岡市立竹喬美術館
286. 鴨方往来拓本散策・坂本亜紀児
287. 玉島旧柚木家ゆかりの人々・倉敷ぶんか倶楽部
288. カバヤ児童文庫の世界・岡長平
289. 野﨑邸と野﨑武左衛門・猪木正実
290. 岡山の妖怪事典 妖怪編・木下浩
291. 松村緑の世界・黒田えみ
292. 吉備線各駅ぶらり散策・倉敷ぶんか倶楽部
293. 「郷原漆器」復興の歩み・高山雅之
294. 作家たちの心のふるさと・加藤章三
295. 自画像の異彩画家 河原修平の世界・倉敷ぶんか倶楽部
296. 岡山の妖怪事典 鬼・天狗・河童編・木下浩
297. 歴史・伝承・文学・アート 岡山の魅力再発見・柳生尚志
298. 井原石造物歴史散策・大島千鶴
299. 岡山の銀行 合併・陶太の150年・猪木正実
300. 吹屋ベンガラ・臼井洋輔